Olga van Boekel

Zeichnungen von
Moritz van Boekel

Mensch, Hund!

Ein roter Faden durch die Hunde-Grundschule

KYNOS VERLAG

Am Remelsbach 30 • D-54570 Mürlenbach/Eifel
Telefon: 06594/653 • Telefax: 06594/452
Internet: http://www.kynos-verlag.de

Druck: SIA Printfinder, Riga, Lettland

ISBN-13: 987-3-938071-21-2
ISBN-10: 3-938071-21-4

Hallo allerseits,

es ist unschwer zu erraten, dass Sie mit dem Gedanken spielen, sich einen Hund anzuschaffen. Dieses Buch soll dazu beitragen, das erste und wichtigste Jahr locker zu überstehen. Einen Welpen aufzuziehen ist keine Hexerei. »Tu mir nichts – ich tu dir auch nichts« ist das erste Versprechen, welches sich Hund und Mensch geben, aber es ist unsere Aufgabe, dafür zu sorgen, dass dieses Versprechen auch eingehalten werden kann.

Es ist hilfreich, sich vor der Anschaffung eines Hundes genau zu überlegen, wie man sich sein weiteres Leben vorstellt. Welcher Hund zu einem passt. Noch wichtiger kann es sein, zu wissen, welcher Hund *nicht* zu einem passt. Denn ein Hund ist nicht einfach ein Hund, nein – Sie finden Hunderte von Rassen, alle von Menschen auf ein bestimmtes Verhalten und Aussehen gezüchtet. Falls Sie ein solches Buch über Hunderassen gerade als Entscheidungshilfe zur Hand haben, erliegen Sie bitte nicht der Versuchung, Ihren neuen Begleiter passend zum Anzug oder zum Lieblingskleid auszusuchen. Denken Sie auch nicht, ein kleiner Hund wäre leichter zu halten als sein großer Artgenosse!

Ganze Rudel von Jack-Russells, Bernhardiner, Labradors, Dalmatiner, Border Collies und neuerdings auch Ridgebacks fristen ein Dasein, welches nicht ihrer Art entspricht, nur weil sie goldig aussehen oder irgendein Regisseur auf die Idee kam, einen Vertreter dieser Rassen zum Star aufzubauen.

Wenn Sie schon einmal einem Dalmatiner beim Dauerlauf zugeschaut haben, einen Jack-Russell beim Zupacken einer Beute bestaunten, einen Border Collie beim Zerlegen der Wohnung oder Zusammentreiben von Autos beobachten durften, von einem Retriever wissen, der verzweifelt versuchte, in ein Wasserglas zu tauchen, dann wissen Sie, was ich meine.

All diese Hunde folgen nur ihrem angezüchteten Trieb, ihre Besitzer sind dabei oft verzweifelt und ratlos. Was ist nur in dieses Tier gefahren? Nichts! Der Hund verhält sich nur nach seinem angeborenen Muster, aber seine Besitzer haben es versäumt, seine Begabung zu erkennen und in die richtigen Bahnen zu lenken. Was kann da ein Hund dafür?

Die Hunde in unseren Städten und Vororten sind arbeitslos! Und Hunde sind Arbeitstiere! Um als Resultat einen ausgeglichenen und gehorsamen Hund zu bekommen, müssen Sie ihm also Arbeit verschaffen! Viel Arbeit!

Und da es bei Ihnen Zuhause nichts zu retten, zu hüten, zu bringen, zu jagen und zu erlegen gibt, können Sie sich gleich einmal tausend Spiele und Einsatzmöglichkeiten ausdenken um Ihren Hund bei Laune zu halten, Ihre Wohnung unversehrt zu lassen, Ihre Nachbarn freundlich zu stimmen und vor allen Dingen Sie und Ihren Hund zu einem Team zusammenzuschweißen.

Ich weiß, Sie haben schon über all dies nachgedacht und sehen ihn bildlich vor sich – Ihren Traumhund.
Gut so, Sie schaffen das, fangen wir gleich an … .

Der Amtsschimmel

Einzug des Gladiators

Ganz am Anfang, so ist das leider immer, steht die Bürokratie. Auch bei der Anschaffung eines Hundes sollten Sie sich darüber klar sein, dass hier einige Kosten und Mühen auf Sie zukommen. Als Allererstes sollten Sie sicherstellen, dass in Ihrer Wohnung überhaupt Hunde willkommen sind. Kramen Sie noch einmal Ihren Mietvertrag hervor und studieren Sie ihn. Ist darin Tierhaltung ausdrücklich verboten? Ist die Hundehaltung erlaubt? Oder wird dieses Thema erst gar nicht erwähnt? Auf jeden Fall sollten Sie sich mit Ihrem Vermieter in Verbindung setzen und eine ausdrückliche Genehmigung zur Hundehaltung einholen. Tun Sie das schriftlich! Sicher ist sicher. Selbst wenn in Ihrem Haus schon seit Jahren ein anderer Hund lebt, bedeutet diese eventuelle Duldung noch lange nicht, dass Hundehaltung generell erlaubt ist. Vergewissern Sie sich auf jeden Fall vorher, auf Dauer ist es sicherlich nicht möglich, Ihren kleinen Familienzuwachs unter der Jacke durch den Hausflur zu schmuggeln.

Bitter – und immer teurer

Auch um die Hundesteuer kommen Sie nicht herum. Dies ist eine kommunale Steuer, denn sie wird von der Gemeinde erhoben. Da wird es auch gleich verständlich, warum die Höhe der Steuer sehr unterschiedlich ist und von 20 Euro bis 300 Euro im Jahr variieren kann. Sie müssen Ihren Hund also bei der städtischen Steuerbehörde anmelden und erhalten dafür einen Hundesteuerbescheid nebst wunderschöner Hundemarke. Diese sollte immer am Halsband getragen werden. Was wäre jetzt aber eine Regel ohne Ausnahmen? Von der Steuer befreit werden können aktive Blinden-, Schutz- und Rettungshunde, dagegen werden Abkömmlinge der so genannten Kampfhunderassen und deren Mischlinge extrem hoch besteuert.

Sicher ist sicher

Ob Sie für Ihren Hund eine Hundehaftpflichtversicherung abschließen oder nicht, bleibt ganz Ihnen überlassen. Prinzipiell lebt es sich aber mit Haftpflichtversicherung ruhiger. Natürlich sind auch hier die Kosten ziemlich unterschiedlich und können zwischen 50 und 200 Euro im Jahr ausmachen. Es lohnt sich also, sich nach einer günstigen Versicherung umzuschauen, aber vergleichen Sie nicht nur die Preise, sondern auch die Leistungen. Denn was haben Sie von einer Versicherung, wenn sie nur den angeleinten Hund abdeckt? Irgendwo sollte Ihr Hund ja schon einmal frei laufen dürfen und auch bei bester Erziehung kann da mal ein Malheur passieren. Die billigste Versicherung ist also nicht auch gleichzeitig die beste Versicherung. Denken Sie daran, dass Ihr Hund in Nullkommanix einen hohen Personen- und Sachschaden verursachen kann. Manchmal reichen dazu schon zwei Meter Nichtgehorchen und einige Autos haben sich zu einem Blechhaufen aufgetürmt. Damit sich zu all dem Schaden nicht auch noch Ihre Rechnungen auftürmen, rate ich in jedem Fall zum Abschluss einer solchen Versicherung. Und spätestens, wenn Sie mit Ihrem Liebling in einem Hundeverein auftauchen, wird diese Versicherung selbstverständlich verlangt. Sie ist auf jeden Fall sinnvoll, also drücken Sie sich nicht darum herum.

Nicht nur, wenn's weh tut

Zusätzlich zu all den Formalitäten kommen ganz sicher Tierarztkosten auf Sie zu. Selbst wenn Ihr Hund vor Gesundheit nur so strotzt, müssen Sie ihn jedes Jahr impfen lassen. Hinzu kommen regelmäßige Wurmkuren und dieses und jenes Zipperlein. Ich wünsche Ihnen von Herzen einen gesunden Kumpel, aber gehen Sie lieber mal davon aus, dass er vielleicht unglücklich in eine Scherbe tritt oder Spelzen von Wildgräsern sich unter die Haut geschoben haben: Das bedeutet Tierarztkosten!

Es werden neuerdings Krankenversicherungen für Hunde angeboten, was eigentlich verlockend erscheint. Lesen Sie aber auch hier die Bedingungen und Ausnahmen sehr genau durch, denn diese Versicherungen sind in der Regel nicht billig. Oft genügt es, sich daheim in einem alten Einmachglas eine »Tierarztkasse« anzulegen und etwa 20 Euro im Monat einzuwerfen. Das erfordert natürlich einen starken Willen. Dabei meine ich noch nicht einmal das Reinlegen, nein, Sie müssen stark genug sein, dort nichts *rauszunehmen*, solange der Hund gesund ist. Wenn Sie das schaffen, haben Sie immer ein reichliches Polster für den Hundenotfall zur Verfügung und sparen bis zum fortgeschrittenen Alter des Hundes, in dem er vielleicht öfter kränkelt, eine vernünftige Summe an. Mit dieser Rücklage lassen sich die kleineren Rechnungen für Wehwehchen auf jeden Fall begleichen.

Was soll's denn sein?

Bevor Sie nun ungeduldig in der Zeitung schauen, welche Hundewelpen gerade zu vergeben sind, sollten Sie sich im Klaren darüber sein, welcher Hund überhaupt zu Ihnen passt. Haben Sie eine große Familie und Ihr Hund soll kinderlieb und gleichmütig sein? Besitzen Sie ein großes Haus und Ihr Hund soll aufpassen, dass es nicht geklaut wird? Sind Sie eher der sportliche Typ, der nie stillsitzen kann und der einen Hund erwartet, der unablässig Bewegung braucht? Oder sind Sie eher gemütlich und fühlen sich am wohlsten, wenn Sie beim Fernsehschauen etwas Weiches kraulen können?

Nur im letzten Fall würde ich zu einem entzückenden Stofftier raten, dieses kann man preiswert anschaffen und es verhält sich äußerst pflegeleicht.

Treffen auf Sie jedoch die anderen Beweggründe zu, dann gehen Sie auf die Suche nach dem richtigen Hund. Am besten Sie kaufen sich, falls nicht schon vorhanden, ein Buch, in dem alle Hunderassen aufgelistet sind und schauen sich dort die Charaktereigenschaften der jeweiligen Rasse an. Decken Sie mit der Hand das Bild zu, entscheiden Sie nach dem Charakter! Und schummeln Sie nicht, Sie wollen die nächsten 10 bis 15 Jahre mit diesem Charakter auskommen! Und erst dann kommt das Aussehen, welches natürlich auch wichtig ist, denn es entscheidet über die Sympathie auf den ersten Blick. Wir verlagern diese Reaktion jedoch absichtlich auf den zweiten Blick.

Möglicherweise waren Sie gerade auf der Suche nach einem mutigen und unbestechlichen Wächter für Haus und Hof. Sie werden staunen, wenn Sie die Hand vom Bild nehmen und Ihnen ein kleiner Terrier entgegenschaut. Das hätten Sie nicht gedacht? Betreiben Sie dieses Spiel weiter, bis die gewünschten Charaktereigenschaft und das Aussehen zusammenpassen. Außerdem lernen Sie eine Menge dabei.

Woher nehmen?

Sobald Sie sicher sind, dass Sie Ihre Traumrasse gefunden haben, sollten Sie sich nach einem seriösen Züchter umschauen. Der Verband für das Deutsche Hundewesen e.V. (VDH) in Dortmund unterstützt Sie gerne bei der Suche. Natürlich können Sie auch das Internet zu Rate ziehen und sich dort informieren. Außerdem erhalten Sie dort auch meist schon einen Einblick in die Umgebung, in der die Welpen aufgezogen werden.

Seien Sie allerdings vorsichtig, wenn Züchter mehrere Rassen züchten und anbieten. Das riecht nach Massenzucht und einem Schuppen hinterm Haus, in dem Hunde oft auf engem Raum und ohne den nötigen Kontakt zu Menschen aufwachsen. Ihre Alarmglocken sollten auch läuten, wenn Sie die Mutter der Welpen nicht zu Gesicht bekommen oder diese mit eingezogenem Schwanz Abstand wahrt. Fragen Sie nach der Hündin, stellen Sie sicher, dass Ihr neuer Kamerad bisher nur positive Erfahrungen gemacht hat und mit verschiedenen Menschen und Situationen vertraut ist. Die Erlebnisse und die Entwicklung in den ersten sieben Wochen sind prägend für das weitere Leben und kaum aus dem Gehirn zu löschen. Ein weiterer Grund also, sich einen vertrauenerweckenden Züchter auszusuchen. Beim geringsten Zweifel verabschieden Sie sich am besten gleich. Hören Sie auf Ihre innere Stimme und lassen Sie sich vom Anblick süßer Welpen nicht erweichen.

Auch sollten Sie auf jeden Fall einen Kaufvertrag abschließen, in dem alle wichtigen Daten festgehalten sind, unter anderem Käufer, Züchter, Wurfdatum und Zuchtbuchnummer.

Nein, Sie können nicht alle mitnehmen

Jetzt kommt sie, die Qual der Wahl. Sobald Sie beim Züchter angekommen sind, die Mutter der Welpen Sie freundlich begrüßt hat, werden Sie überfallen werden von einem Knäuel entzückender Geschöpfe, die Sie am liebsten sofort alle mitnehmen möchten. Trotzdem wissen Sie, erwachsen und vernünftig wie Sie sind, dass das nicht geht. Sie müssen sich *einen* Welpen aussuchen. Hilfreich wäre es, Sie hätten sich schon im Vorfeld entschieden, ob ein Rüde oder eine Hündin in Frage kommt. Das reduziert die Qual der Entscheidung schon mal erheblich.

Die holde Weiblichkeit

Es heißt, dass Hündinnen anhänglicher seien, leichter zu erziehen, ein sanfteres Wesen besitzen. Allerdings werden sie auch zweimal im Jahr läufig, das heißt, Sie müssen jeweils für einige Wochen Ihre Hündin gut bewachen und möglicherweise separat mit ihr spazieren gehen, trotzdem wird dank feiner Hundenasen die Hundewelt Ihrer Umgebung gründlich aufgemischt. Wenn Sie jedoch von vornherein entschlossen sind, dass Ihnen ein Hund genügt und Sie nicht »züchten« wollen, bietet sich die Möglichkeit, die Hündin nach der ersten Läufigkeit kastrieren zu lassen. Dies verändert den Charakter einer Hündin nicht und bei ausreichender Bewegung und einem abwechslungsreichen Hundeleben kann von Dickwerden auch nicht die Rede sein. Außerdem beugen Sie späteren Tumorerkrankungen, Gebärmutterentzündungen und Scheinschwangerschaften vor, die sonst bei Hündinnen öfter auftreten. Der Gedanke, dem Hund sein »Liebesleben« zu entziehen, ist ein menschlicher, ein allzu menschlicher Gedanke. Dabei ist es eher wie in Las Vegas. Hunde sind innerhalb von wenigen Stunden verliebt, verlobt, verheiratet und auch wieder geschieden. Freundschaften und Beziehungen unter Hunden sind im Allgemeinen nicht sexueller Natur. Menscheln wir also nicht rum, sondern nehmen dem Hund den Frust, einen sexuellen Trieb nie befriedigen zu dürfen, mit Liebe hat das nichts zu tun.

Rüde, aber herzlich

Ein Rüde wird nicht läufig, er ist allzeit bereit und immer auf der Suche nach Gelegenheiten, sich zu vervielfältigen. Gerade in der Stadt kann das sehr lästig sein, da er stets bestrebt ist, sein Revier zu markieren. Rüden sind unabhängiger, ihr geliebtes Spiel heißt »Kräftemessen«, man kann sie von weitem schon erkennen, weil das jeweilige Herrchen meist die Frage herüberbrüllt: »Ist das ein Rüde?« Was heißen soll: »Ich habe auch einen Rüden und wenn wir jetzt zusammentreffen, dann macht der Ärger!« Das klingt jetzt ziemlich bedrohlich, muss es aber nicht sein, denn Sie haben ja dieses Buch, und bei richtiger Erziehung von Anfang an werden Sie auch Ihren Rüden zu einem freundlichen und angenehmen Spaziergänger machen. Rüden sind spielfreudig bis ins hohe Alter, verschmust und anhänglich wie ein Hund nur sein kann. Entscheiden Sie sich!

Endausscheidung!

Dadurch reduziert sich die Auswahl in unserem Welpenhaufen erheblich. Begrüßen Sie die Welpen, indem Sie in die Hocke gehen und die Hand nach vorne richten, ohne zu grapschen! Wer schnüffelt als erster an Ihrer Hand? Oder kommen sie alle angerannt? Welpen, die überhaupt nicht zu Ihnen kommen oder sich gar unterm Sofa verstecken, sollten Sie nicht weiter in die Auswahl einbeziehen.

Aber ganz so schnell geht es nun doch nicht, geben Sie den Welpen Zeit, setzen Sie sich auf den Boden und beobachten Sie das Spiel der jungen Hunde. Sind echte Raufbolde oder Angsthasen unter ihnen? Normalerweise wechseln sich Welpen im Spiel als Sieger und Besiegter mehr oder weniger ab, denn sie müssen später beide Verhaltensweisen beherrschen und spielen heißt lernen. Sehen Sie einen Welpen, der nur als Sieger über den anderen steht und nie die Unterlegenheitsrolle einnimmt? Vergessen Sie ihn! Sie sind ein Hundeanfänger, ersparen Sie sich den Stress, einen zu sehr von sich eingenommenen Hund erziehen zu wollen. Sind die Welpen im Spiel vertieft, lassen Sie einen Schlüsselbund fallen und beobachten die Reaktionen der Kleinen. Diejenigen, die ihr Heil in der Flucht suchen, sind genauso ungeeignet für einen Anfänger, wie die, die total cool überhaupt nicht reagieren. Schauen Sie, ob es einen Welpen gibt, der kurz den Abstand vergrößert um dann neugierig gleich wieder näher zu kommen. Das könnte dann Ihr Hund sein. Versuchen Sie es noch einmal, indem Sie in die Hände klatschen, beobachten Sie dabei genau das Verhalten der Welpen, damit Sie sicher sind, wenn Sie Ihre Entscheidung treffen. Vielleicht ergibt sich auch eine Gelegenheit, die Hunde beim Fressen zu beobachten. In dieser Situation lässt sich auch für einen Laien leicht erkennen, wer in diesem Welpenwurf das Sagen hat. Versuchen Sie es mit dem Mittelmaß, nicht zu ängstlich, aber auch nicht allzu draufgängerisch. Damit sind Sie gut beraten. Haben Sie jetzt einen Welpen in die nähere Wahl gezogen, sollten Sie auf jeden Fall eine körperliche Kontrolle vornehmen:

- Ist das Fell sauber und flohfrei?
- Sind die Augen sauber und klar?
- Sind die Ohren sauber und geruchsfrei?
- Ist das Zahnfleisch rosa und fest?
- Ist das Hinterteil reinlich und ohne Kotspuren?
- Ist die Haut am Bauch sauber und ohne Flohbisse?

Falls Sie diese Fragen alle mit »Ja« beantworten konnten, dann haben Sie ihn gefunden, Ihren zukünftigen Begleiter!

Klasse statt Rasse?

Nein, ich habe sie ganz bestimmt nicht vergessen, die vielen Hunde, die ungeduldig im Tierheim auf ihr Traumherrchen warten. Auch die unzähligen Mischlingswelpen, meist Abkömmlinge zweier freiheitsliebender Elternteile – oder nicht selten mit Absicht »gezüchtet«, beanspruchen ein Heim, in dem mehr als Kost und Logis geboten wird. Diese Hunde sind einzigartig. Liebenswerte Einzelstücke! Allerdings kann man sie auch als »Wundertüten« bezeichnen. Sie werden nie so genau wissen, was Sie bekommen. Es bleibt unklar, welcher Charakter von welchem Elterntier sich letztendlich durchsetzen wird, welche Größe der jetzt noch kleine Kerl später erreicht. Aber ist das so schlimm? Jeder kann mit einem Mischling glücklich werden. Egal, ob es die »Erstmischung« zweier verschiedener Rassen ist, oder ob seit Generationen der Genpool wild durcheinander geschüttet ist, es ist durchaus möglich, sich aus jedem Welpen einen angenehmen Begleiter fürs Leben heranzuziehen. Die Sympathie entscheidet! Eines ist sicher, es mag zwar »Wundertüten« unter Hunden geben, einer »Mogelpackung« können Sie jedoch nie aufsitzen, denn Hunde lügen nicht. Natürlich gelten auch für die Auswahl eines Mischlingswelpen die gleichen Regeln wie für den Rassehund.

Sind Sie jetzt auf den Hund gekommen?

Nun, etwas Besseres konnte Ihnen gar nicht passieren. Das Leben mit dem anfangs kleinen, wuscheligen und undichten Wollknäuel wird sich auf alle Fälle anders gestalten als Ihr bisheriges, doch eher gemächliches Dasein.

Alles ist noch ungewohnt, doch keine Bange, das legt sich. Da Sie in den ersten Wochen ohnehin zu nichts Vernünftigem mehr kommen werden, weil Sie alle zwei Stunden, mit dunklen Ringen unter den Augen, Ihr »Auslaufmodell« nach draußen befördern müssen, können Sie sich genauso gut über die wichtigsten Themen der Hunde-Grundschule informieren.

Lassen Sie sich also aufheitern und keineswegs entmutigen in den immer häufiger auftretenden Momenten, in denen Sie der dunkle Verdacht beschleicht, Ihr Hund sei gar kein richtiger Mensch.

Wir regeln das später in den einzelnen Kapiteln. Sie selbst werden ein wenig in einen Hund verwandelt und Ihr Liebling wird es Ihnen mit fast menschlichem Verständnis danken. Und so, ganz allmählich, werden Sie ein Herz und eine Seele, warten Sie es nur ab ...

Sie ahnen es vermutlich schon, es kommt viel Ungemach auf Sie zu: Sie betrachten das friedlich schlafende Fellbündel, der Boden ist bereits wieder aufgewischt, die Schnürsenkel in allen Schuhen neu eingefädelt oder komplett ausgetauscht, das Wohnzimmer ist mit Zeitungspapier frisch ausgelegt. Gerade wollen Sie noch einmal in dieses Buch hineinschauen, da fällt Ihr Blick auf die Uhr. Du lieber Himmel! Das Tier muss schon wieder raus!

Jetzt, da Sie wieder zurück sind und wahrscheinlich keine Zeit zum Weiterlesen aufbringen können, sondern gerade verzweifelt damit beschäftigt sind, Ihre Wohnung in einem einigermaßen bewohnbaren Zustand zu halten, kann ich Ihnen nur raten:

Retten Sie wenigstens dieses Buch! Legen Sie es ganz oben auf einen Schrank und sobald Ihr Familienzuwachs einem neuerlichen Schlafanfall erliegt, holen Sie es schnell wieder herunter und lesen weiter.

Na? Alles gut gegangen? Sitzen Sie gemütlich? Das Buch hat die wachen Momente Ihres Welpen offensichtlich gut überstanden und schon ist die erste gute Idee geboren: Legen Sie einfach in den nächsten Wochen alle beweglichen Gegenstände, die Ihnen lieb und teuer sind, ganz weit nach oben oder schließen Sie sie in einen Tresor ein. Denken Sie sich einfach, Sie wollten die Wohnung schon immer einmal umdekorieren und tun Sie es! Sie werden danach viel entspannter leben!

So, jetzt möchte ich ganz vorne beginnen und Sie in spielerischer und ziemlich unernster Weise in die Geheimnisse dieses kleinen, aber feinen Hundehirns einweihen.

Schließlich wollen Sie Spaß haben mit Ihrem Hund und Spaß bedeutet nicht, dass immer nur die anderen über Sie lachen. Sie müssen schon auch was zu Lachen haben und wer zuletzt lacht, na, Sie wissen schon ...

Dieses Buch ist, Sie haben es sicher schon bemerkt, hauptsächlich an Welpenbesitzer gerichtet. Die ersten Schritte ins gemeinsame Leben sozusagen. Meine Ratschläge sind jedoch oft auch für erwachsene Hunde geeignet. Ganze Rudel von »Grünanlagen-Rowdies« haben noch nie das Wörtchen Erziehung gehört, geschweige denn verstanden. Höchste Zeit, dem abzuhelfen.

Sie müssen jetzt aber keine Angst haben, dass Sie die folgenden Übungen ein Hundeleben lang täglich praktizieren müssten. Denken Sie nur daran, dass Sie heute schließlich auch keine Schulhefte mehr mit großen A's und kleinen a's voll kritzeln. Weil Sie bereits schreiben können, würde das auch nur wenig Sinn ergeben. Sie haben das trotzdem einmal eingeübt, deshalb können Sie heute schreiben. Übung macht den Meister, selbst Ihr Hund weiß das! Nur würde der, wenn Sie ihn nur ließen, ganz andere Sachen üben. Denn Ihr Hund lernt tatsächlich jeden Tag etwas hinzu, ob Sie ihm etwas beibringen oder nicht. Also nutzen Sie seine enorme Lernfähigkeit und steuern Sie das, was er lernt, in die richtige Richtung.
Keine Angst, Sie schaffen das schon!

Richtig verbunden

Natürlich kann man mit Hunden nicht telefonieren, richtig mit ihnen verbunden zu sein ist jedoch mindestens genau so schön. Um Ihren neuen Begleiter überhaupt erziehen zu können, muss zwischen Ihnen beiden eine Bindung entstehen. Mindestens so dick wie ein Schiffstau sollte sie sein. Halt, bevor Sie jetzt losmarschieren und sich solch ein unnötiges Teil beschaffen, das ist nur bildlich gemeint! Keine Leine, und sei sie auch noch so dick, kann eine wirkliche Bindung ersetzen.

Unter Bindung versteht man eine feste, vertrauensvolle und freundschaftliche Beziehung zwischen Hund und Mensch. Eine unsichtbare Leine. Ihr kleines Wollknäuel hat Sie schließlich nicht darum gebeten, bei Ihnen wohnen zu dürfen. Nein, Sie haben die unglaubliche Grausamkeit begangen, das winzige Tier aus der festen Beziehung zu seiner Mama und seinen Geschwistern zu reißen. Sie haben nicht gefragt, Sie haben nur bezahlt und sein Schicksal war besiegelt. Innerhalb weniger Stunden fand sich Hundchen in einer völlig fremden Welt wieder, alles war ihm unbekannt, die Umgebung, die Menschen, nicht zu vergessen die Verhaltensweisen dieser seltsamen Gestalten. Und Sie schimpfen zu allem Überfluss auch noch ordentlich, wenn der arme Wurm sich die Seele aus dem Leib heult oder gleich verzweifelt den Teppich besprenkelt. Was denken Sie sich eigentlich dabei?

Fangen Sie besser sofort damit an, Ihrem Hundchen all das zu ersetzen, was Sie ihm so leichtfertig entrissen haben. Das beinhaltet Ihre Rolle als liebevolle Mama, als spielverrücktes Geschwisterchen und – als ordnender Chef im neuen Alltag. Klingt ein wenig viel für den Anfang, ist es auch, aber Sie können das, denn Sie sind der Übermensch, der Überhund, Sie sind einfach großartig! Sie sind, im Gegensatz zu Mama Hund, gar nicht zu ersetzen. Nun müssen Sie das nur noch Ihrem Familienzuwachs klar machen, der im Hintergrund rumjammert und immer noch nicht versteht, dass Sie von nun an die Person seines Vertrauens sein sollen.

Vertrauen ist eine zerbrechliche Angelegenheit. Man hat es, oder man hat es nicht. Ein bisschen Vertrauen? Was soll das sein? Man kauft es nicht, man leiht es nicht, man kann es nicht erzwingen. Nein, Sie wissen es schon, Vertrauen schenkt man! Um des Vertrauens Ihres Hundes würdig zu sein, müssen Sie sich dementsprechend verhalten, so ein Geschenk wird nicht an jedermann verschleudert, und das ist gut so.

Sie, als sein Mensch, sollten der bevorzugte Sozialpartner Ihres Hundes werden und nicht Nachbars Lumpi. Alle Hundefreundschaften, alle Menschenbekanntschaften werden zweitrangig, sobald Sie am Horizont der Hundewelt erscheinen.

So viel zu den Vorschusslorbeeren, kommen Sie wieder auf den Boden der Tatsachen zurück: Noch müssen Sie des Vertrauens erst würdig sein, welches Ihr Hund Ihnen dann schenken wird. Dadurch, dass Sie viel Geld für das kleine Monster bezahlt haben, ist eine Bindung noch lange nicht hergestellt, von dieser Transaktion weiß Hundchen ja gar nichts und wenn, wäre es eher peinlich, denn wie wollten Sie ihm erklären, dass er wie ein Brötchen gekauft wurde?

Seien Sie froh, dass Sie das nicht müssen und setzen Sie sich endlich zu ihm auf den Boden. Knuddeln und wuscheln Sie ihn ausgiebig durch, nehmen Sie ihn in den Arm und streicheln liebevoll seine Pfötchen. Tun Sie das oft, so oft wie möglich. Aber unterstehen Sie sich, nach dem kleinen Kerl zu grapschen und versuchen Sie nie, ihn festzuhalten oder in Positionen zu zwingen, die ihm unangenehm sind. Dies ist eine Schmusestunde, kein Überfall! Aber Vertrauen ist natürlich keine Einbahnstraße. Lassen Sie sich also auch nicht anknabbern oder auf andere Weise schmerzhaft belästigen. Konsequent verbieten Sie das mit tiefer, brummender Stimme: grrrr ... lass das!

Gegenseitiger Respekt verstärkt jede Bindung und schafft Vertrauen. Und schon lächeln Sie wieder.

Eines noch: Viele Hundebesitzer sind der Meinung, ein Hund würde *den* Menschen besonders lieben, der ihn täglich mit den teuersten Leckereien versorgt. Das stimmt so jedoch nicht. Eine so genannte Futter-Bindung löst sich erstaunlich schnell auf, spätestens, wenn das liebe Tier satt ist und schwupps – wendet es sich anderen Leuten zu. Versuchen Sie erst gar nicht, sich damit interessant machen zu wollen. Es ist Ihre Persönlichkeit, die so unwiderstehlich auf ihn wirken soll und nicht die Häppchen in Ihrer Hand. Oftmals kommt das glücklicherweise zusammen, weshalb viele Leute diesem Irrtum erliegen. In der Praxis des Alltags zeigt sich allerdings schnell, welche Art von Bindung Mensch und Hund zusammenhält. Also, nicht schummeln! Es lohnt sich nicht.

Wir rangeln um die Ordnung

Rudeltier, Meute, Rangordnung, Konsequenz, das klingt alles so, wie es gar nicht klingen soll. Ein bisschen nach Unterdrückung, nach Kasernenhof, viele vermuten dahinter sogar einen regelrechten Kampf um die Führungsposition. Jeder hat davon schon einmal gehört, aber ich hege da so meine Zweifel, ob das auch jeder richtig verstanden hat. Alle Hunde stammen vom Wolf ab, Ihrer, meiner und jeder Straßenstreuner auch. Obwohl bei manchen Rassen ein wenig Verkleidungskunst von Nöten wäre, um ihn auch so aussehen zu lassen, seien Sie sicher, auch im Köpfchen eines winzigen Chihuahua schlummern die Überreste eines Wolfes. Und der Wolf in ihm steuert bis zum heutigen Tage die Grundlagen dessen, wie er sich zu verhalten hat. Es steht ihm nicht frei, sich anders zu entscheiden, er kann nicht Katze, Pferd oder Faultier sein. Er ist ein Hund, also ist er auch ein Wolf. Glücklicherweise aber ein ganz zahmer, in den Kinderschuhen stecken gebliebener Wolf.

Sie brauchen deshalb nicht die Flucht zu ergreifen, ganz im Gegenteil. In ihrem Sozialverhalten driften Hund und Mensch nämlich gar nicht so weit auseinander, was wohl auch der Grund für diese jahrtausendalte innige Beziehung zwischen ihnen ist. Ob das nun der Hund oder der Mensch zuerst entdeckt hat, kann ich nicht sagen, sicher ist jedoch, dass es keine Verbindung zwischen zwei Gattungen gibt, die man sich enger denken könnte. Auch ohne Hundeerziehung, einfach nur so, vom Wesen her.

Beide bilden enge soziale Verbände, wollen Freunde haben und fürchten sich vor dem Alleinsein, beide erkennen übergeordnete Hierarchien an, wünschen sich diese sogar, um in Sicherheit ein langes Leben zu führen. Beiden droht das Ende einer Sippe, wenn sich ein Diktator oder Tyrann an die Spitze geboxt hat und sein willkürliches Zepter schwingt. Beide sind darauf angewiesen, harmonische Beziehungen zu führen, um als Ganzes überlebensfähig zu bleiben. Beide nutzen die Schwäche des anderen zu ihrem eigenen Vorteil aus.

Und, was sagen Sie jetzt? Sehen Sie sich hier im Spiegel? Gut, die letzte Verhaltensweise wird niemand von uns zugeben wollen, was wiederum eine typisch menschliche Eigenschaft ist. Aber sonst? Das könnten Sie doch glatt unterschreiben, oder?

Trotzdem gibt es da ein kleines Problem, an dem die meisten, vorwiegend städtischen, Hundebesitzer scheitern, und das ist die Demokratie. Gleichberechtigung gibt's im Hundeleben nicht! Ohhh, wäre doch alles so schön gewesen, jetzt enttäusche ich Sie schon wieder. Ja, das muss sein, denn ich möchte nicht, dass Sie Ihren Hund enttäuschen, deshalb lesen Sie ja dieses Buch.

Also, vergessen Sie das mit der Gleichberechtigung ganz schnell, nichts kann Ihr Hund weniger gebrauchen. Was er braucht, ist ein gerechter, verlässlicher und selbstsicherer Anführer, der nicht abends nach dem Essen die Stimmzettel einsammelt, sondern der auch ohne Urnengang weiß, wo es lang geht. Kein Fünkchen Verantwortung können Sie auf Ihren Hund abwälzen, nein, die tragen alleine Sie! Das ist die schlechte Nachricht. Die gute ist, dass ich Ihnen jetzt verrate, wie Sie das anstellen können, ohne zum grollenden Despoten zu werden.

Ein Rudelchef hat besondere Rechte, aber auch besondere Pflichten. Er darf zum Beispiel als erster fressen, er darf sich den schönsten Kuschelschlafplatz aussuchen, er bestimmt, wann gejagt wird und entscheidet, wann das Rudel sich in der Weltgeschichte vertrödelt. Tun Sie also genau das, Sie sind der Chef! Sie bestimmen das Leben Ihres Hundes, Sie fordern Gehorsam, jeden Tag und immer.

Da sind wir nämlich auch schon bei den Pflichten angelangt. Ich weiß, Sie hätten nicht gedacht, dass Rechte und Pflichten so nah beieinander liegen, aber es ist Ihre *Pflicht*, darüber zu bestimmen, was Ihr Hund tun oder lassen soll. Wenn Sie das nicht tun, können Sie Ihren Hund auch gleich »Kummer« nennen, denn den bekommen Sie höchstwahrscheinlich. Kann sich Ihr Hund nicht felsenfest auf Sie verlassen und sich an Ihnen orientieren, ist er erst verständlicherweise verunsichert und wird anschließend die ersten vorsichtigen Tests durchführen, um Ihre Führungsansprüche auszuloten. Das ist normal und legitim, ein Hund kann ohne Chef nicht leben, die einzige Alternative für ihn ist es, selbst Chef zu sein. Da haben Sie nun den Salat. Wenn Sie Glück haben, dürfen Sie aber weiterhin Ihre Couch benutzen und neben Ihrem Gemahl nächtigen, wenn Sie Pech haben, dürfen Sie das alles nicht, denn Ihr Hund wacht genauestens über die Einhaltung der Gesetze.

Warum also sollten Sie ihm diesen Job geben? Er kann das doch gar nicht, Sie können es viel besser! Ein Rudelführer ist nicht immer zwangsläufig das körperlich stärkste Exemplar, sondern das klügste und souveränste Mitglied in der Gruppe. Diese Beschreibung passt doch genauestens auf Sie. Lassen Sie sich mit Ihrem Hund auf keinen Fall auf eine körperliche Auseinandersetzung ein. Selbst bei einem Dackel werden Sie den Kampf verlieren, gegen ernsthaft zupackende Hundezähne haben wir keine Chance.

Uns bleibt nur der andere Weg: Wir sind klüger, wir sind gelassener und wir verstehen unsere moderne Welt, zumindest ansatzweise.

Kurzum:

- Sie füttern Ihren Hund, wann Sie das wollen!
- Sie streicheln Ihren Hund, wann Sie das wollen!
- Sie spielen mit Ihrem Hund, wann Sie das wollen!
- Sie lassen Ihren Hund aufstehen, wenn Sie das wollen!
- Sie verweisen Ihren Hund in den Hintergrund, wenn Besuch kommt!
- Sie entscheiden über die Richtung des Spaziergangs!
- Sie entscheiden über die Dauer des Spaziergangs!
- Sie entscheiden darüber, was »gefährlich« ist und was nicht!
- Sie übernehmen die Verantwortung für alles, was Ihr Hund tut!
- Sie setzen jede Anweisung an Ihren Hund auch durch, deshalb überlegen Sie sich vorher genau, was Sie fordern und kommandieren nicht sinnlos herum!

Nun, damit haben Sie ein Hundeleben lang genug Arbeit. Ihr Hund wird Ihnen von Zeit zu Zeit allerdings immer wieder ein paar Prüfungsaufgaben stellen, die Sie dann hoffentlich zu seiner Zufriedenheit lösen können. Geben Sie ihm die Gelegenheit, Sie zu bewundern und zu achten, seien Sie nicht laut, handgreiflich oder ungerecht, sondern konsequent und vorausschauend, dann ist auch diese Hürde geschafft: Sie sind der Anführer der Meute. Bleiben Sie es auch!

Ihr Wunsch ist sein Befehl!

Kommando, Befehl, Anweisung, Signal, Hörzeichen, Bittstellung oder Wunscherfüllung, wie immer das gesprochene Wort genannt wird, welches Ihr Superhundchen zu einer Handlung veranlassen soll, ist im Endeffekt völlig egal. Ihrem Hund sowieso. Momentan werden immer neue Bezeichnungen gesucht und gefunden, um die Übermittlung vom Wort, dem die Tat folgen soll, möglichst sanft zu umschreiben.

Ich muss Ihnen gestehen, dass ich nicht die geringste Lust dazu verspüre, jetzt auch noch ein originelles, wunderschönes, mitfühlendes Wort kreieren zu müssen, damit Hundchen sich bequemt, unserer Aufforderung Folge zu leisten.

In diesem Buch wird zu meiner Schande wohl das Wort »Kommando« am häufigsten vorkommen, obwohl es ganz und gar nicht militärisch gemeint ist. In der Praxis sieht es jedoch so aus, dass Sie knapp und deutlich ein Wort ertönen lassen, wobei Sie zügige Ausführung erwarten, ohne von Ihrem vierbeinigen Kameraden in eine zeitraubende Diskussion verwickelt zu werden.

Wenn Sie nämlich rufen: »Ach, Bello, würdest du da vorne an der Straßenkante bitte anhalten?«, und Hundchen antwortet: »Och nee, ich geh schon mal rüber, da gibt's was Wichtiges zu schnüffeln, du trödelst ja immer so!«, dann haben Sie irgendwas falsch verstanden und auch falsch gemacht. Ich wünsche Ihnen in diesem Fall eine gute Haftpflicht- und Krankenversicherung.

Eigentlich geht die Übung so: Sie rufen »Halt« und Ihr Hund bleibt wie festgewurzelt stehen. Fertig ist die Diskussion. Ist das nicht ermutigend einfach? Wenigstens theoretisch.

Im Prinzip ist es ja so – und das wissen Sie schon lange, dass ein normaler Haushund überhaupt nicht versteht, was Sie da jetzt gerade sagen – und sogar Lassie hat bedauerlicherweise gehörig geschummelt. Ihr Hund hört ja nur den Klang unserer Stimme, versucht herauszufinden, was eine bestimmte, immer wiederkehrende Tonfolge bedeuten könnte. Jetzt mal die Tatsache außer Acht gelassen, dass nach unablässigen, vergeblichen Wiederholungen eines lächerlichen »Bellens« Ihrerseits ein Tobsuchtsanfall ins Haus steht, außer dieser Erfahrung der Verunsicherung wird Ihr Hund nichts verstanden haben. Nur Angst wird er haben, denn wer nichts versteht und trotzdem die Folgen davon zu tragen hat, wird mit der Zeit misstrauisch, unsicher und – sollten Sie daran nichts ändern – zu guter Letzt aggressiv. Das würden Sie ja auch. Stellen Sie sich vor, Sie begegneten einem Fremden, der Ihnen auffordernd »Quong« zuruft und der Ihnen, ohne sich um Verständigung zu bemühen, nach kurzer Wartezeit einfach eine runterhaut. Weil Sie nicht schnell genug »Quong« gemacht haben. Das würden Sie gar nicht mögen, warum sollte Ihr Hund derartiges Verhalten lieben? Nein, ich sage Ihnen jetzt nicht, was »Quong« heißen soll, ich weiß es ja selbst nicht und bin froh, dass Sie dem Fremden begegnet sind und nicht ich.

Ein gewisses Meideverhalten ist nach solchen Situationen ganz normal. Auch Ihr Hund wird versuchen, sich Ihnen zu entziehen. Er wird scheinbar verstockt reagieren, wobei er versucht, gar nicht anwesend zu sein. Dieser hündische Beschwichtigungsversuch, der unter seinesgleichen problemlos funktioniert, verärgert aber Herrchen, der da unverschämte Ignoranz unterstellt, noch mehr. Die Folge ist erneute, verzweifelte Beschwichtigung und noch größerer Ärger. So geht das dann immer weiter, mit Volldampf in die Katastrophe.

Bevor Sie also Ihren Hund verrückt machen und sich selbst einem Infarkt nähern, schlage ich Ihnen vor, Sie üben erst einmal alle Ihre Kommandos, die Sie sich für die verschiedensten Situationen des Lebens zurechtgelegt haben. Möglichst schriftlich, ja, das muss sein. Und zwar üben Sie diese alleine, ohne Ihren Hund damit zu belästigen. So lange, bis Sie sie können.

Erst schreiben Sie alle Kommandos auf einen Zettel, dahinter die Erwartung, die Sie an das jeweilige Wort knüpfen. Bitte tun Sie dies einigermaßen leserlich und kleben den Zettel dann an den Kühlschrank, damit alle Familienmitglieder ihn auch studieren können und haargenau dieselben Worte benutzen. Bestens geeignet sind ein- bis zweisilbige Kommandos, kurz, knapp und eindeutig tönend. Vermeiden Sie Klangähnlichkeiten und erfinden Sie auch keine Ton-Bandwürmer, die Sie sich dann selbst nicht merken können. Anschließend bitte auswendig lernen!

Ja, ich hacke so auf diesem Thema herum, weil die größten Probleme zwischen Hund und Mensch durch Mangel an Verständigung entstehen.

Nun kommt der lustige Teil des Kommandospieles. Sie suchen sich jemanden, der Lust hat, einen Tag mit Ihnen zu verbringen. Alle Freunde und Bekannten werden sich hoffentlich darum reißen. Es kann allerdings sein, dass die Begeisterung etwas nachlässt, wenn sie erfahren, dass sie einen Tag lang die Rolle eines Hundes übernehmen sollen. Okay, ein halber Tag reicht auch aus, aber ein bisschen weh tun muss es schon. Ihr richtiger Hund muss schließlich sein ganzes Leben mit Ihnen verbringen, also bitte kein falsches Mitleid.

Ihr Freund versteht dummerweise Ihre Worte auch inhaltlich, was ein wenig hinderlich ist. Im Idealfall könnte er nämlich Ihre Sprache nicht und würde Sie nur fragend anschauen. Aber das wäre zu viel verlangt, weshalb Ihr Opfer mit höchster Konzentration versuchen muss, Sie nicht zu verstehen.

Sie quälen ihn nun ausgiebig mit allen Kommandos, die Sie auf Lager haben, gehen spazieren und leiten ihn nur mit armseligen zehn bis zwanzig Worten durch die Welt. Natürlich dürfen Sie dabei nicht schwätzen und sich unterhalten, auch Fragen und Antworten sind verboten. Sie verfügen wirklich nur über wenige Worte, fuchteln aber wild mit Händen und Armen, was man später, in eleganter Form, Handzeichen nennen wird. Ihrem Freund fehlt selbstverständlich sämtliche menschliche Lautäußerung, der ist nur beschäftigt mit dem Gedanken, ein Hund zu sein. Ein schrecklicher Nachmittag. Aber wenn Sie das zusammen durchgestanden haben, Ihre Freundschaft sich bei einem guten Essen wieder stabilisiert hat, dann können Sie wahrscheinlich so manches über Ihre wahren Führungseigenschaften erfahren. Ihr Freund wird sich bitterlich darüber beklagen, wie die Aufforderung »Komm, geh weg!« ihn nahezu verzweifeln ließ, so dass er Ihnen am liebsten ins Bein gebissen hätte. Das wird er Ihnen bei Gelegenheit heimzahlen.

Nicht so Ihr Hund, der in »Befehlsnotstand« gerät und wahrscheinlich gar nichts tun wird, er kommt nicht und er geht nicht weg. Er erstarrt. Und Sie schimpfen. Merken Sie etwas?

Genau. Bevor Sie sich über einen ungehorsamen Hund aufregen, überlegen Sie bitte genau, ob Sie sich klar ausgedrückt haben und Hundchen auch weiß, wovon die Rede ist. Sie werden ohne Zweifel bemerken, wer hier die Fehler macht. Meistens sind Sie das, weswegen die Devise »Üben, üben, üben« getrost an Ihre Pinnwand geheftet werden kann.

Hilfe!
Keiner versteht mich!

Nein, das sind nicht Sie, der diesen Hilfeschrei am Telefon der Seelsorge in die Ohren weint. Wenn Sie genau aufpassen, werden Sie feststellen, dass es Ihr Hund ist, der da schreit, nur – sein Schrei ist stumm!

Na bitte, werden Sie vermutlich spontan sagen, wenn man nichts hört, dann ist da auch nichts, das Tier kann doch bellen, fiepen, jaulen und knurren. Klar kann es das und mit Sicherheit macht es davon, zur Freude der Nachbarschaft, auch Gebrauch. Sie glauben aber doch nicht im Ernst, dass damit die Möglichkeiten der Hundesprache erschöpft sind? Richtig und ausführlich mitzuteilen vermag sich ein Hund nämlich viel mehr über den Ausdruck seines knuddeligen Erscheinungsbildes. Der komplette Hund, von der Nasen- bis zur Schwanzspitze, verrät Ihnen wie ein offenes Buch seinen jeweiligen Zustand. Nur hat er leider nicht bedacht, dass Sie das gar nicht lesen können. So was Dummes.

Gut, gefletschte Zähne oder Schwanzwedeln dürften jedem bekannt vorkommen, der schon einmal einen Hund im Fernsehen gesehen hat. Hätten Sie aber gedacht, dass sogar diese, doch eigentlich klaren Zeichen der Befindlichkeit, manchmal Verschiedenes bedeuten? Fragen Sie doch einfach Leute, die von schwanzwedelnden Hunden gebissen wurden, oder mit vermeintlich zähnefletschenden Hunden gespielt haben. Denn Wedeln mit der Rute zeichnet nicht automatisch einen total freundlich gesonnenen Hund aus. Mit diesem Ritual fächert er seinem Gegenüber nur die Duftstoffe seines Hinterteils entgegen. Skandalös! Erst mal nichts weiter. Die Gründe für dieses ungehörige Verhalten können vielfältig sein und eignen sich deshalb sehr gut für Missverständnisse, die später natürlich nur dem Hund angelastet werden. Obwohl seine Sprache eindeutig war, haben wir ihn nicht verstanden.

Oh je, ich will Ihnen hier keine Angst vor freudigen Hunden machen und dem Großteil der Bevölkerung ist es auf keinen Fall zuzumuten, mühsam die Körpersprache des Hundes zu erlernen. Ihnen jedoch schon! Schließlich sind Sie Hundebesitzer und können nicht dauernd einen Dolmetscher im Schlepptau mit sich führen.

Erlernen Sie wenigstens den Grundwortschatz und Sie werden im wahrsten Sinne des Wortes sehen, was Ihr Hund sagt. Dazu müssen Sie jedoch, das merken Sie gleich, mit Augen gepflastert sein, denn alle Körperteile wirken zusammen. Anfangs reichlich verwirrend für menschliche Sehgewohnheiten. Mit etwas Routine im Blick klärt sich die Bedeutung der verschiedenen Aktionen des Hundekörpers jedoch bald auf.

Da es mir unmöglich ist ein komplettes Wörterbuch anzufügen, müssen Sie hier mit der Übersetzung der häufigsten Redewendungen auskommen:

»Hey, ich bin total cool und gut drauf!«
Der Kopf ist leicht gehoben,
die Haltung ist aufrecht,
die Rute entspannt,
der Blick ist ruhig und sicher,
die Ohren sind nach oben gerichtet,
bei Hängeohren an der Wurzel nach vorne gezogen.

»Wenn du nicht gleich abhaust, zerreiße ich dich!«
Die Haare sind gesträubt,
die Rute über den Rücken hochgezogen,
die Zähne sind vorne gebleckt,
die Mundwinkel sind rund und kurz,
der Blick fixiert starr,
die Ohren sind nach hinten gezogen,
die Brust ist aufgepumpt.

»Oh je, ich bin völlig verunsichert«
Der Blick ist unruhig,
der Kopf ist gesenkt,
die Beine sind leicht eingeknickt,
die Rute ist eingezogen,
die Ohren liegen nach hinten,
das Gesicht ist straff.

»Ich hab zwar Angst, aber wenn es sein muss, beiß ich!«
Der Körper ist geduckt,
die Rute ist eingezogen,
die Mundwinkel sind lang und spitz,
die Zähne bis hinten gebleckt,
das Zahnfleisch ist sichtbar,
die Ohren liegen flach nach hinten.

»Seht alle her, ich bin der Größte!!«
Scharren mit zwei oder vier Pfoten,
Besteigen anderer Hunde,
häufiges Markieren,
Pfote auf den Rücken des Gegenübers legen,
Kopf auf den Nacken des Gegenübers legen,
in T-Stellung quer vor dem anderen stehen,
steifbeiniges Umkreisen.

»Okay, du bist der Boss, aber bitte tu mir nichts«
Der Blick ist ausweichend,
der Kopf wird weggedreht,
die Ohren liegen nach hinten und unten,
die Stirn ist straff,
die Lippen sind waagerecht zurückgezogen,
auf den Rücken legen,
Lecken der eigenen Schnauze,
Gähnen,
mit der Pfote patschen.

»Oh, mein Chef, ich liebe dich trotzdem!«
Die Beine sind leicht eingeknickt,
die Rute wedelt heftig,
die Schnauze stupst gegen den Mundwinkel des andern,
der Blick ist offen und kontaktsuchend,
die Ohren weit auseinander oder eng angelegt,
übertriebenes Hopsen,
mit der Pfote patschen.

Abschließend einige Kurzmitteilungen:

Kratzen

Falls Sie gerade längere Zeit mit Ihrem Hund geübt haben, dieser sich aber, statt Ihre Kommandos auszuführen, hinsetzt, um sich ausgiebig zu kratzen, dann verdeutlicht das nicht einen plötzlichen Flohbefall. Nein, Ihr Hund ist überfordert. Er weiß nicht mehr, was er tun soll, weshalb er Zuflucht zu dieser typischen »Übersprungshandlung« sucht. Beenden Sie die Übung positiv, das heißt, mit etwas, was er ganz sicher kann und hören Sie auf. Überlegen Sie, wie Sie das nächste Mal Ihre Forderungen verständlicher ausdrücken könnten.

Schnauzelecken

Ihr Hund hat sich danebenbenommen und Sie gehen ärgerlich auf ihn zu. Dass er nicht die Flucht ergreift, ist ein Beweis für sein Vertrauen zu Ihnen. Er leckt sich heftig über die eigene Nase, womit er Sie freundlich stimmen will und sich sozusagen »entschuldigt«, obwohl er nicht weiß, für was. Schimpfen Sie jetzt nicht mit ihm, sonst ist sein Vertrauen dahin. Verhalten Sie sich besser neutral.

Gähnen

Eigentlich ist Ihr Hund ziemlich aufgeregt, zusätzlich auch leicht verunsichert. Er möchte aber trotzdem einen gefassten Eindruck auf Sie machen. Da ist es doch eine gute Idee, sich mit herzhaftem Gähnen selbst zu beruhigen? Genau das tut er. Das hat mit Müdigkeit nichts zu tun. Sie können übrigens auch selbst so manche Stress-Situation entschärfen, indem Sie ausgiebig gähnen. Versuchen Sie es, Gähnen ist ansteckend.

So, jetzt lasse ich Sie alleine, bis Sie Ihre Vokabeln gelernt haben, was schon einige Zeit in Anspruch nehmen sollte. Aber trösten Sie sich, gelernt ist gelernt und sobald Sie den Blick fürs Ganze entwickelt haben, gibt es auch weniger Ärger mit Ihrem und vor allem mit fremden Hunden. Freuen Sie sich drauf!

Ohne Lob geht schon mal gar nichts!

Hunde leben vom Lob. Klingt merkwürdig, aber es ist so. Eigentlich tut das jedes Tier einfach nur, um zu überleben. Denn die Beute, die es nach erfolgreicher Jagd zu verzehren gilt, ist nichts anderes, als die Belohnung, das Lob für schlaues Mitdenken und für körperliche Ausdauer, sprich, die Belobigung. Sonst gibt es nichts zu fressen. Gerade Fleischfresser, die ihr Essen nicht wie etwa ein Pferd oder eine Kuh immer direkt vor der Nase liegen haben, sind darauf angewiesen, etwas zu unternehmen, um sich den Bauch voll schlagen zu können. Ist schon schlimm, wenn das Essen flüchtet. Sie müssen jeden Tag »arbeiten gehen«, ob sie wollen oder nicht, zur Belohnung gibt's dann eine köstliche Maus oder sonntags ein Kaninchen. Wenn Sie das endlich akzeptiert haben, kommen Sie gar nicht mehr auf den Gedanken, sich zu wünschen, dass Ihr Hund alles nur für Sie tun soll und nicht für die Belohnung. Natürlich tut er es für die Belohnung! Zumindest am Anfang.

Würden Sie täglich arbeiten gehen, wenn Sie dafür kein Geld bekommen würden? Einfach nur, um Ihrem Chef einen Gefallen zu tun? Selbst wenn Sie ihn mögen? Nein, das würden Sie sicher nicht. Also finden Sie sich gleich damit ab, dass Ihr Hund für seine Belohnung arbeitet. Zumindest in der ersten Zeit werden Sie ihm wie eine wandelnde Fleischwurst erscheinen, eine unerschöpfliche Futterquelle. Und genau dafür wird er arbeiten!

Schminken Sie es sich ein für allemal ab, dass er sich nur aus Liebe zu Ihnen dazu aufraffen würde. Vergessen Sie alle menschlichen Gedanken, grübeln Sie wie ein Hund über die alltäglichen Probleme des Lebens nach. Denn Sie werden es mit Sicherheit nicht schaffen, Ihren Hund zu menschlichem Denken zu veranlassen, auch wenn sein treuer Augenaufschlag Ihnen anderes vorgaukelt. Ein Hund ist ein Hund und bleibt ein Hund! Sie können sich das gar nicht oft genug vorsagen.

Aber zurück zur Belohnung. Eine Belohnung ist etwas, was man für eine gute Leistung bekommt. Bei einem Hund ist es etwas, was man für eine gute Leistung *sofort* bekommt. Unmittelbar und direkt nach oder bei dem erwünschten Verhalten! Zwei Sekunden haben Sie Zeit, sein Verhalten zu belohnen! Zwei Sekunden sind kurz, auf jeden Fall sind sie schon vorüber, bevor Sie überhaupt den alten Hundekuchen in Ihrer Hosentasche gefunden haben. Zu spät! Viel zu spät!

Ihr Hund, den Sie für ein wunderbar ausgeführtes »Sitz« belohnen wollten, tut schon lange etwas anderes. Er schaut in der Gegend rum, er ist ungeduldig schon wieder aufgestanden, hat sich erschöpft hingelegt, knabbert an der Leine, gibt Pfötchen oder kläfft Sie an. Und genau dafür würden Sie ihn jetzt belohnen, nicht fürs Hinsetzen. Glauben Sie mir, es ist besser, Sie geben jetzt gar nichts Lobendes von sich, als mit verspäteten, falschen Signalen irgendeinen Unsinn zu honorieren, den Sie später wieder mühsam ausbügeln müssten.

Seien Sie also allzeit bereit zum sofortigen Loben! Loben kann man und sollte man übrigens auch mit Worten und Streicheleinheiten, es muss nicht immer was für den Magen sein. Mit überschwänglichen Worten in hohen Tönen oder einem sofortigen Belohnungsspiel erreichen Sie denselben Effekt. Finden Sie heraus, auf was Ihr Hund anspricht, ja, in den allermeisten Fällen wird es das Futter sein. Sollten Sie sich also mit »Fressi« durch den Tag loben, dann vergessen Sie nicht, diese Leckerbissen von der täglichen Ration abzuziehen, sonst rollt Ihr Hund demnächst auf Sie zu, anstatt sich leichtfüßig zu nähern. Außerdem kann ich Ihnen aus Erfahrung sagen, dass es keine gute Idee ist, die Leckerchen in einer knisternden Plastiktüte aufzubewahren. Sie werden sich wundern, wie das Ihren Hund später in knisternde Spannung versetzt, wenn sich ein Passant nur ein Bonbon auswickelt. Tragen Sie die Stückchen also einfach lose in der Tasche, oder, wenn Ihnen das zu schmutzig ist, kaufen Sie sich einen Futterbeutel zum Anknipsen, den können Sie dann getrost versauen. Gut, Sie wissen jetzt ungefähr, was ein Lob ist? Genau, die wichtigste Sache für Ihren Hund, die Bestätigung, dass er in diesem Moment genau das Richtige getan hat, dass sein Verhalten ihm einen Glücksmoment verschafft hat – und nur er alleine hat das fertig gebracht. Prima, sparen Sie nicht damit.

Und Sie? Finden Sie es nicht ungerecht, dass Sie jetzt gar nicht gelobt werden? Werden Sie nicht? Doch, wenn Sie ehrlich sind, fühlen Sie sich auch stolz und glücklich, wenn Ihr Hund eine Anweisung sofort und eifrig ausgeführt hat, das ist die Bestätigung dafür, dass Sie alles richtig gemacht haben, die Belohnung für Ihre Arbeit. Sie belohnen sich also gegenseitig, vergessen Sie das nie und lassen Sie es nicht zur Selbstverständlichkeit werden, Selbstverständlichkeiten sind fade, man bemerkt sie nicht mehr, deshalb lassen wir diese Freudenmomente immer neu aufleben. Ihr Hund braucht das und Ihnen wird es ganz und gar nicht schaden.

Und wenn er es nicht tut? Ich meine, wenn Ihr Hund seine Ohren auf Durchzug geschaltet hat, Ihre Gegenwart ignoriert, Ihre Kommandos belächelt und sich wichtigeren Dingen zuwendet? Wenn er überhaupt nicht gehorcht? Tja, hier stellen viele Hundebesitzer die ersten Fragen nach der gerechten Strafe. Logisch, wenn ich einen Hund loben kann, dann muss ich ihn doch auch strafen dürfen.

An diesem Punkt angelangt werde ich, das gebe ich zu, immer etwas störrisch. Ich sage »Nein!«. Nein, Sie brauchen und Sie können Ihren Hund eigentlich gar nicht bestrafen, Sie können ihn nur misshandeln. Erstens ist es ganz und gar unmöglich, ein Tier für irgendwas zu bestrafen, was es *nicht* getan hat und zweitens bestrafen sich Hunde gegenseitig auch nicht. Diese Verhaltensweise ist ihnen fremd und völlig unverständlich. Sie bringen Ihrem Hund damit nichts bei, Sie missbrauchen und verspielen sein Vertrauen, Sie blockieren seine Aufnahmebereitschaft, Sie verbreiten Angst und Schrecken, Sie fördern Aggressionen und – es wirft ein ganz schlechtes Licht auf Sie! Bauen Sie also Ihren Frust woanders ab, gehen Sie Holz hacken oder Gewichte heben, aber lassen Sie Ihren Hund damit in Frieden. So, das musste jetzt einmal raus, so viel zum Thema Strafen. Aber ...

Ja, Sie haben vollkommen recht, soll ich jetzt meinen Hund vielleicht für alles loben, was er gerade anstellt? Gute Frage. Die Antwort ist nein, Sie sollen ihn nicht loben! Sie sollen ihn überhaupt nicht beachten, Sie sollen ihn ignorieren und wie Luft behandeln. Er ist gar nicht da. Sehen Sie irgendwo einen Hund? Ich nicht. Wird das gute Tier zudringlich, wenden Sie sich ab, schauen es nicht an, reden nicht mit ihm. Genau das ist seine »Strafe«. Sie verbannen Ihren besten Freund so lange aus Ihrem mentalen Umfeld, bis er sich irgendwo ablegt und Ruhe gibt. Erst dann, nach etwa einer Minute Frieden, entdecken Sie ganz zufällig, dass dort ein Hund liegt und rufen ihn fröhlich zu sich.

Zeigen Sie ihm, dass Sie nun zufrieden sind und seien Sie nicht nachtragend. Hunde sind auch nicht nachtragend! Ein Rudel Hunde oder Wölfe könnte sich das gar nicht leisten, wenn dauernd jemand beleidigt wäre. Da hat man Wichtigeres zu tun. Und so sollten wir es auch halten, Zusammenarbeit ist gefragt und das versteht Ihr Hund, sobald Sie ihn fordern.

Hundchen wiederholt Verhaltensweisen, die sich für ihn auszahlen, die anderen vergisst er, die lohnen sich nicht. In Fällen, in denen Sie direkt zur Stelle sind, wenn er aktiv etwas anstellt, können Sie ihn mit einem scharfen »Nein!!« maßregeln. Da er dies wegen Ihres sonstigen ruhigen Tons nicht gewohnt ist, wird es seine Wirkung nicht verfehlen. In hartnäckigen Fällen füllen Sie eine leere Getränkedose mit einigen Centstücken oder mit wenigen Schrauben und kleben die Öffnung zu. Damit klappern Sie laut und unterbrechen das unerwünschte Verhalten. Sie können die Dose auch in Richtung Hund werfen, aber bitte niemals auf den Hund. Sobald er von seinen Verfehlungen ablässt, loben Sie *sofort*! Da gibt es kein »Nachschimpfen«! Denken Sie an die zwei Sekunden.
Und eines sollte immer klar sein:

Sie belohnen Ihren Hund, *weil* er etwas Positives getan hat und nicht, *damit* er etwas tut, verwechseln Sie das nie, wir haben es hier ja nicht mit Bestechung und Korruption zu tun, sondern mit gerechter Entlohnung geleisteter Arbeit. Dafür gibt es die Lohntüte und für nichts anderes.

Hör jetzt endlich auf damit, sonst ...

ja, was sonst ... ? Brüllen, hauen, sauer sein? Ach, nur weil Hundchen, clever wie er ist, das gesamte Verhalten abspult, welches Sie ihm aus Versehen beigebracht haben? Ohne es zu wollen, aber oft deutlicher, als so manche willentlichen Erziehungsversuche? Was Sie da nun verzweifelt zu beenden versuchen, benennt man landläufig mit dem Wort »Unarten«. Jeder Hund hat die. Manche weniger, dafür aber manche umso mehr. Das kommt ganz auf Ihr Geschick an. Unarten, man kann sie auch schlicht Macken nennen, sind nicht selten Verhaltensweisen, die wir im Welpenalter total süß und drollig fanden. Im Laufe der Zeit ändern sich unsere Ansichten darüber leider grundlegend, wogegen Hundchen nicht von seinen Gewohnheiten lassen will. Warum sollte er auch? Für Sie allerdings bahnt sich, nüchtern gesehen, ein Konflikt an. Anders ausgedrückt, Sie stehen kurz vor dem Nervenzusammenbruch, schwanken zwischen Wein- und Schreikrämpfen und fühlen sich richtig schlecht.

Die leichteste Methode, unserem wolligen Freund seine Unarten abzugewöhnen ist natürlich die, sie gar nicht erst entstehen zu lassen. Beobachten Sie Ihren lernfreudigen Kleinhund genauestens und sobald er eine Art an den Tag legt, die in gewisser Weise »Un« ist, dann unterbinden Sie diese sogleich, unverzüglich, auf der Stelle und sofort. Die Entscheidung fällt oft nicht leicht, ich geb's ja zu. Aber dafür ist sie umso wichtiger. Das trifft im Leben ja oft zusammen. Schneiden Sie sich am besten aus den vielen Hundezeitschriften, die bei Ihnen mittlerweile rumliegen, ein Bild aus, welches Ihr knuddeliges Hundchen im Zustand des kraftstrotzenden, erwachsenen Daseins zeigt und halten Sie es immer griffbereit. Bei seltenen Hunderassen oder Mischlingen wählen Sie einfach irgendeine Abbildung, die so ungefähr hinkommt, wir wollen da nicht zimperlich sein. Prägen Sie sich dieses Bild gut ein und vor allen Dingen, haben Sie es immer vor Augen, sobald Ihr Hundchen beispielsweise tollpatschig die Couch erklimmt. Ja, Sie helfen ihm noch dabei, weil er öfter mal abrutscht und runterfällt. Und wie stolz seine Äuglein blinken, wenn er auf dem Gipfel thront. So ein guter Hund, Sie setzen sich zu ihm und kraulen verträumt sein Babyfell.

Wo ist jetzt das Bild? Sofort her damit! Schauen Sie sich das Prachtexemplar darauf genauestens an. Erstaunt werden Sie feststellen, dass in einem Jahr, bei genauer Berücksichtigung der Größenverhältnisse, zumindest auf dieser Couch für Sie dann leider gar kein Platz mehr wäre. Falls Ihnen das mit dem Kraulen später noch wichtig erschiene, müssten Sie es sich auf dem Boden davor bequem machen.

Wollen Sie das? Wirklich?

Oder Ihr Hundchen begrüßt Sie und natürlich auch wildfremde Menschen, indem er eifrig versucht, am menschlichen Schienbein emporzukrabbeln, nein, wie entzückend. Gleich beugen Sie sich hinunter und streicheln zur Belohnung das seidige Köpfchen, brav gemacht!

Wo ist das Bild? Kann es sein, dass Ihr Hund in Kürze Ihnen und irgendwelchen Passanten seine schlammbedeckten Pfoten zutraulich auf die Schultern legt? Oder zumindest jeden Mantel versaut? Abgesehen von dem Schrecken, den er bei fremden Menschen heraufbeschwört? Ich kann Ihnen versichern, die Anzahl der Menschen, die bei einer solchen Begegnung »Das macht doch nichts« sagen, sinkt proportional zum Alter Ihres Hundes. Stattdessen werden Ihnen Worte wie »Reinigung«, »Polizei«, »Versicherung« oder »Leine« in den Ohren klingeln.
Wollen Sie das? Sind Sie sicher?

Zu allem Überfluss hat Hundchen auch gerade herausgefunden, dass er Sie durch beherztes Kläffen dazu bringen kann, ihm immer und überall zu Diensten zu sein. Wau-wau, ich will mal kurz raus! Jaul, ich will wieder rein! Kläff-winsel, spiel mit mir! Wau-wau-wau, unterhalte dich nicht so lange, ich will weiter!

Hundchen ist ja so intelligent und sein Stimmchen noch in der Entwicklung – sein Verhalten allerdings auch. Da braut sich etwas zusammen! Was Sie jetzt mit Stolz und sofortigem Gehorsam Ihrerseits honorieren, könnte Sie in naher Zukunft gemeinsam auf die Couch bringen. Nein, nicht auf Ihre Couch, sondern eine, auf der das Liegen sehr teuer kommt, Sie wissen schon …

Okay, das Bild hilft Ihnen in diesem Fall auch nicht viel weiter, trotzdem ist es doch schön, es immer wieder anzuschauen und sich bei allem, was Hundchen tut oder lässt, Folgendes zu fragen:

- Will ich dieses Verhalten ein Hundeleben lang dulden?
- Werde ich es in einigen Jahren auch noch goldig finden?
- Bezahlt die Krankenkasse meine spätere Therapie?

Falls Sie die ersten zwei Fragen mit »nein« beantworten können, wird es Zeit, sofort in die Gänge zu kommen, damit sich die Beantwortung der dritten Frage erübrigt.

So, nun können Sie nie wieder behaupten, Sie hätten von nichts gewusst, keiner hätte Sie gewarnt und das Unglück wäre von heute auf morgen über Sie hereingebrochen. Das glaubt Ihnen von nun an keiner mehr. Und jetzt?

Was tun, wenn Sie bereits in die Falle getappt sind, weil Sie dem Charme Ihres Hundes nicht widerstehen konnten?

Da hilft nur: In die Riemen gelegt und mit aller Kraft gegengerudert!

Außerdem kommt mir Ihr Missgeschick ziemlich gelegen. Da packe ich gleich die Gelegenheit beim Schopfe, um mich allmählich in den praktischen Teil dieses Werkes hinüberzubegeben.

Keine Angst, nicht ohne Ihnen ein paar Vorschläge zur Vermeidung und gleichzeitig zur Tilgung dieser Unarten zu unterbreiten. Allerdings verlangen diese Konsequenz, wankelmütige Herrchen bekommen zur Belohnung immer einen ungezogenen Hund serviert. Das verwundert Sie nicht wirklich, oder?

Kläff-Jaul-Winsel

Ihr Hund ist von der gesprächigen Art und möchte Ihnen etwas mitteilen, was Sie sonst nicht begreifen und – er hatte auch schon Erfolg damit. Sie haben sich ihm sofort zugewandt, um seinen Wunsch zu erfüllen, oder – da können

Sie machen, was Sie wollen, es ist immer verkehrt – Sie wählten die zwei gängigsten Reaktionen: lauthals schimpfen oder gütig beruhigen.

Wenn Sie brüllen, interpretiert der Hund das möglicherweise als Kooperation mit seinem heftigen Gebelle, zusammen sind Sie ja noch lauter!

Wenn Sie ihn streicheln und »beruhigen« fühlt er sich auch in seiner Tätigkeit bestärkt und kläfft mit frischer Kraft weiter. Oh je. Oh ja!

Sie probieren jetzt einfach etwas ganz anderes. Sobald Ihr Hund sich durch penetrante Lautäußerungen wichtig machen will, drehen Sie ihm den Rücken zu und gehen weg. Sie schauen ihn nicht an, schon das wäre zu viel Aufmerksamkeit für dieses nervige Verhalten. Sie sind nicht böse oder hektisch, Sie haben einfach nur die Schnauze voll davon. Und nicht gucken! Sobald er die Klappe hält, knuddeln Sie ihn ordentlich durch.

Zum Anspringen lieb

Ihr Hund möchte Sie und vor allen Dingen fremde, nette Leute herzlich begrüßen. Dabei ist es für ihn von größter Wichtigkeit, seine Schnauze an unseren Mundwinkel zu stupsen. Schließlich wurden seine Frau Mama und alle Hundefreunde bisher so begrüßt. Aber wie soll er jetzt bei Herrchen, das doch ziemlich hochgewachsen ist, da drankommen? Dem kleinen Hundehirn erschließt sich anfangs nur die eine Möglichkeit: Springen, springen, springen! Die nun einsetzende Streichelbelohnung geht später in verzweifelt abwehrende Handbewegungen über. Vergessen Sie das! Zeigen Sie Ihrem Hund besser eine weitere Möglichkeit der Begrüßung.

Sobald er Sie anspringen will, drehen Sie sich mit verschränkten Armen weg. Lassen Sie ihn ruhig ins Leere springen. Schauen Sie ihn nicht an! Sagen Sie nichts. Irgendwann, wenn er oft genug danebengesprungen ist, wird er sich nachdenklich hinsetzen. Erst jetzt gehen Sie in die Hocke und begrüßen endlich Ihren Hund. Natürlich ist es nahezu unmöglich, diese Verhaltensweise allen Freunden und Passanten zu übermitteln, das brauchen Sie auch gar nicht. Es genügt, Ihrem schlauen Hund parallel zum neuen Begrüßungsritual das Kommando »unten!« beizubringen. »Unten« ist unten, ist der Boden, auf dem alle vier Pfoten stehen. Sobald Ihr Hund seine Vorderpfoten erhöht platzieren will, sagen Sie »unten« und werfen ein winziges Leckerchen auf den Boden. Nicht aus der Hand geben. »Unten« soll seine Nase sofort auf den Boden bringen und wer seine Nase unten hat, kann keine Pfoten oben haben. Mit dieser Erkenntnis können Sie später so manchen Mantel vor Verunstaltungen retten, üben Sie es, es lohnt sich.

Knabbern ohne Ende

Ihr Hund macht bestimmt Pausen zwischen seinen Kauattacken, Ihnen jedoch erscheint er wie ein Schredder für Einrichtung und Bekleidung. Jetzt seien Sie nicht ungerecht. Wenn er schläft, ist er doch lieb, oder? Hundchen ist noch sehr jung und die Zähne jucken, selbst für zahnende Babys gibt es Beißringe. Wie können Sie ausgerechnet von einem Hund erwarten, dass er nicht kauen und beißen soll? Ach so, Ihre neuen Schuhe und der Perserteppich ... Ihr Baby hat sich nie daran versucht? Dafür schreit Ihr Hund nicht die ganze Nacht durch. Aber er muss beißen und kauen! Geben Sie ihm drei verschiedene Spielzeuge, die eindeutig für ihn sind und sonst in der Wohnung nicht vorkommen.

- Am besten einen Ball zum Hinterherrennen, der imitiert das Jagen der Beute.

- Einen dicken Lederlappen zum Rumbeuteln und Zerren, woran das Fangen und Töten der Beute ausgelebt wird.
- Und einen Büffelhautknochen zum Kauen, der die anschließende Mahlzeit darstellt.

Das wars schon, damit sind alle dringenden Bedürfnisse Ihres Hundes abgedeckt. Mehr braucht er nicht und sollte er auch nicht haben. Umso leichter ist die Unterscheidung. Diese drei Gegenstände sind erlaubt, da spielen wir auch begeistert mit, alles andere ist verboten. Behalten Sie Ihren Welpen im Auge, falls doch was kaputt geht, ist das Ihre Schuld. Bestehen Sie auf »Nein!« und geben Sie statt Tischbeinen sein Spielzeug, angereichert mit einer kleinen Animation. Er wird das schnell lernen und mit der Zeit geht auch der jugendliche Kauzwang von alleine zurück, spätestens, wenn alle neuen Zähne richtig stehen.

Etwas anderes ist es, wenn erwachsene Hunde die Einrichtung zerlegen, da können Sie lange warten, bis das von selbst nachlässt. Meist hat es gerade erst angefangen, und zu allem Überfluss sind Sie selbst oft auch noch der Grund dafür. Ein erwachsener Hund kaut nicht zwanghaft, weil ihm das Zahnfleisch juckt, nein, er sieht es als einzige Möglichkeit, Stress abzubauen. Menschen tun das übrigens auch. Wenn Sie Schüler oder Studenten bei schriftlichen Arbeiten beobachten, werden Sie erstaunt sein, wie viele der gestressten Prüflinge auf das heftigste Kaugummi kauen. Das hilft.

Ihr Hund ist also gestresst, er hat Angst und – er beruhigt sich selbst. Dass er damit nur noch mehr Ärger provoziert und einen Teufelskreis in Gang setzt, also, das weiß er wirklich nicht. Verunsichert und gestresst wird er noch mehr kauen.

Finden Sie heraus, was die Ursache für seinen Stress ist. Kann er nicht alleine bleiben? Dann bringen Sie ihm das bei. Auf jeden Fall wird das leichter sein, als ihm beizubringen die Wohnung *nicht* zu zerlegen. Und trainieren Sie Ihre Geduld, Sie werden sie dringend brauchen.

Immer wieder Pfützen

Ja, es ist ein Leid mit jungen Hunden. Sie sind eindeutig nicht dicht. Immer wieder bescheren sie uns Seen und Pfützen, Tümpel und Haufen. Und das mitten im Wohnzimmer! Das ist für einen Menschen schwer zu ertragen. Wenn Sie jetzt aber ehrlich sind und sich genau erinnern, dann waren Sie als Baby auch nicht ganz dicht. Mutter hat sich damals mit Windeln beholfen, aber können wir unserem Welpen eine Windel zumuten? Eindeutig nicht.

Der einzige Weg, diese nasse Zeit zu überstehen, führt direkt nach draußen. Sie gehen mit Hundchen immer rechtzeitig an eine Stelle, an der er sein Geschäft verrichten soll. Wenn er ganz jung ist, dann tragen Sie ihn dort hin. Lassen Sie ihn dort schnüffeln und drängen Sie nicht. Eine Pfütze zu machen braucht Zeit, besonders draußen. Nach erfolgreicher Verrichtung loben Sie den Welpen ausgiebig. Wunderbar. Mit »rechtzeitig« meine ich in den ersten Monaten:

Nach jedem Aufwachen, nach jeder Malzeit, nach jedem Spiel, spätestens jedoch alle zwei Stunden. Nachts können Sie sich getrost fünf bis sechs Stunden Schlaf gönnen. Dann muss er aber raus, der Kleine. Alle Missgeschicke, die dann noch in der Wohnung passieren, wischen Sie bitte kommentarlos weg. Wehe, Sie schimpfen!

Bitten Sie stattdessen lieber einen Freund, Sie am Kragen zu schütteln und dabei »Du warst zu spät! Du hast nicht aufgepasst!«, zu rufen. Nur *Sie* würden diese Art »Strafe« verstehen.

Sollte ein erwachsener Hund jedoch plötzlich anfangen, die Wohnung zu verunreinigen, kann eine Blasenentzündung die Ursache dafür sein. Lassen Sie ihn von einem Tierarzt untersuchen, bevor Sie anderes Unheil vermuten. Voraussetzung ist natürlich, dass Ihr Hund auch im erwachsenen Zustand oft genug nach draußen kommt. Mindestens drei bis vier Mal täglich sollte ein erwachsener Hund die Möglichkeit haben sich zu erleichtern. Zählen Sie ruhig einmal, wie oft Sie täglich die Toilette benutzen, dann wissen Sie wie es sein kann, wenn man Ihnen dies nur drei Mal täglich gestatten würde. Knausern Sie also nicht mit dem Gassi gehen, Ihr Hund wird überglücklich darüber sein.

Was Sie nie wissen wollten!

Im folgenden Fall sind es nicht die Kleider, nein, der Auftritt macht die Leute. Sie können dabei anziehen, was Sie wollen. Es kommt nur auf Ihre unwiderstehliche Ausstrahlung an. Sie verhalten sich extrem gelassen und unglaublich freundlich. Selbstsicherheit bestimmt alle Ihre Handlungen. Nichts kann Sie aus der Ruhe bringen. Sie können endlich mal so tun, als wüssten Sie alles und werden dafür auch noch bewundert.

Sollten Sie das alles nur in Ihrem besten Outfit verwirklichen können, nun, dann ziehen Sie das eben an. Fragen Sie aber vorher bei Ihrer Reinigung nach, ob sie so was wie einen Mengenrabatt anbietet.

Ihr Auftreten steht also schon mal felsenfest, wache Hundeaugen schauen zu Ihnen auf.

Und gleich stelle ich eine Forderung an Sie:
Sprechen Sie stets leise mit Ihrem Hundchen! Flüstern Sie oft, denn Sie haben Geheimnisse, auf die er in seinen kühnsten Träumen nicht gekommen wäre. Und das ist höchst interessant.

Stellen Sie sich vor, Sie fahren mit der Straßenbahn, denn Ihr Auto hat gerade seinen Geist aufgegeben und muss dringend in die Werkstatt. Ihnen gegenüber sitzen zwei Damen, die sich lautstark über ihr jeweiliges Innenleben unterhalten, was Sie ein wenig aufdringlich und unschicklich finden. Sie versuchen, wegzuhören. Das ist kaum auszuhalten! Wenn das Glück Ihnen hold ist, können Sie aufstehen und den Platz wechseln.

Schon sitzen Ihnen wieder zwei Damen gegenüber. Das ist doch nicht zu glauben, werden Sie denken, aber keine Angst, die sind ganz anders. Sie stecken die Köpfe zusammen und flüstern sich Dinge zu, die gar nicht an die Öffentlichkeit gelangen sollen. Und jetzt erst, geben Sie es ruhig zu, spitzen Sie die Ohren und versuchen zu verstehen, worüber die beiden wohl reden könnten.

Ihre Neugierde ist geweckt und ganz nebenbei lauschen Sie allen Wortfetzen, die irgendwie einen Sinn ergeben könnten, um das Geheimnis der zwei Damen zu ergründen. Streiten Sie es nicht ab, alle machen das so!

Ich nehme an, Sie haben jetzt schon verstanden, was ich meine. Sie sprechen von Anfang an leise mit Ihrem Hund, um seine Neugierde wach zu halten. Hunde sind im Allgemeinen gar nicht schwerhörig, manche haben sogar einen Job als Wächter, unbezahlt, versteht sich. Wenn Sie den Verdacht haben, Hundchen schert sich keinen Deut um Ihr geflüstertes Geheimnis, dann werden Sie noch leiser und suchen zusätzlich den verlorenen Euro, der Ihnen neulich unter den Schrank gerollt ist. Für Hundchen steigt die Spannung, seine Fantasie gaukelt ihm vor, mit Ihnen leckere Mäuse zu suchen.

Leise Töne haben außerdem den Vorteil, dass Ihre Stimmgewalt steigerungsfähig ist. Unterschätzen Sie diesen Bonus nicht.

Sollte Ihr Hund nämlich aus Versehen auf eine Hauptverkehrsstraße zugaloppieren und Ihr Umgangston erreicht normalerweise schon höchste Phonzahlen, was wollen Sie dann machen? Eine Handgranate zünden?

Sehen Sie, jetzt haben Sie die Gelegenheit, Ihren Brüller an den Hund zu bringen, denn dies ist eindeutig ein Notfall. Da ist eine mächtige Stimme erlaubt und auch wirkungsvoll. Hundchen ist das nicht gewohnt und wird Ihnen schon einen flüchtigen Seitenblick zuwerfen, der ihm zeigt, dass Sie sich gerade schnell, mit deutlich winkenden Armen, in entgegengesetzter Richtung davonmachen. Wenn Sie jetzt Glück haben, dreht er ab und rennt Ihnen hinterher! In solch einem Fall ist das die einzige Chance, die Sie haben. Verspielen Sie sie nicht! Sollten Sie der absurden Idee verfallen, Ihrem Hund hinterherzurennen, landen Sie mit ziemlicher Sicherheit beide auf der Straße, was bei der heuten Verkehrsdichte sehr ungesund sein kann.

Wie transportieren Sie Ihre wirren Gedanken und Wünsche in sein winziges Hundehirn?

Als erstes schaffen Sie sich am besten ein ganz neues Vokabular an. Zum einzigen Mal in Ihrem Leben dürfen Sie eine Sprache selbst erfinden, fernab von jeder Rechtschreibreform steht es Ihnen frei, die unmöglichsten Laute hervorzubringen. Sie brauchen das als Begleitmusik zu Ihren späteren Übungen.

Erlaubt ist alles was Spaß macht. Bald werden Sie ein wildes Durcheinander von Knack-, Groll-, Zisch-, Gurgel-,

Schnalz-, Klatsch- und Pfeiflauten beherrschen, hohe und tiefe Töne ausstoßen, bis Ihr Nachbar den Notruf wählt. Erklären Sie ihm das also besser vorher.

Sobald Sie Ihr Vokabular erlernt haben, können Sie anfangen, mit Ihrem Hund zu spielen und dabei mit ihm zu »reden«. Das hat den Vorteil, dass Sie gar nicht in einen langweiligen und alltäglichen Ton verfallen können oder in Gefahr geraten, Befehle falsch anzuwenden. Dazu fehlen Ihnen jetzt ganz einfach die *Worte*.

Der Ball rollt also mit einem »Zschhhh« weg und wird beim Zurückkommen im Hundemaul mit Bravoklatschen empfangen, das ist ein Riesenspaß. Ihr Hundchen springt mit einem »Uiiiiii« in die Luft und dreht sich bei einem Schnalzen der Zunge nach Ihnen um, denn Sie haben schon ein zweites Spielzeug parat, welches Sie gerne austauschen möchten. Sie werden sich Unmengen dummes Zeug einfallen lassen und Ihr Hund wird begeistert mitmachen, denn das versteht er: Spaß, Bewegung, eindeutige Laute und Action.

Nach nicht allzu langer Zeit werden Sie sich über die Leute wundern, die da stocksteif auf der Wiese stehen und vor sich hingrummeln: »und Sitz«, »und Hol«, »und Komm« und »Aus«.

Nein, nein, so trübe wollen Sie nicht sein, bei Ihnen geht die Post ab. Und Ihr Hund wird bald mit gespitzten Ohren nur noch Sie fixieren, denn von Ihnen geht alle Freude seiner Hundewelt aus, das kann er sich unmöglich entgehen lassen. Sobald er Ihrem unwiderstehlichen Charme erlegen ist, wird er alles für Sie lernen wollen!

Fünf Merksätze!
Das ist jetzt kein Scherz!

Ganz nebenbei versuche ich, Ihnen noch fünf Merksätze beizubringen, die Sie in einem stillen Moment auswendig lernen sollten. Sie werden sie ein ganzes Hundeleben lang in lebhafter Erinnerung behalten müssen.

1. Geben Sie Ihrem Hund zwischen den Futterzeiten keine Leckerchen, wenn er nichts Belohnenswürdiges getan hat. Denken Sie daran, Sie belohnen immer nur sein Verhalten, Sie belohnen nie den Hund an sich!

2. Versuchen Sie nie, einen wütenden oder überängstlichen Hund zu beruhigen. Ein solcher Hund lässt sich nicht beruhigen! Er würde dies als Lob für sein Ausrasten verstehen. Fassen Sie ihn nicht an und reden Sie nicht mit ihm. Beachten Sie ihn nicht!

3. Seien Sie stets freundlich, selbstsicher und konsequent. Falls Sie einmal schlechter Laune sein sollten, verzichten Sie besser auf alle Erziehungsversuche!

4. Es ist relativ leicht, einem Hund beizubringen, was er tun soll. Schwerer ist es, ihm beizubringen, was er *nicht* tun soll. Begegnen Sie Fehlverhalten lieber mit positiven Übungen, die seinen Macken entgegenwirken!

5. Üben Sie nie zu lange am Stück mit Ihrem Hund. Hören Sie auf, wenn es am schönsten ist. Eine Übung sollte immer mit einem positiven Ergebnis beendet werden!

Was schleppt er da schon wieder rum?

Hunde besitzen keine Hände, Rucksäcke und Plastiktüten, in denen sie ihre Habseligkeiten mit sich herumschleppen könnten. Deshalb sind sie auf die für uns etwas merkwürdige Idee verfallen, ihre Besitztümer einfach mit einem Zaun aus Zähnen zu umgeben und praktischerweise gleichzeitig damit zu transportieren. All dies tun sie mit ihrem Maul! Welpen sind wahre Transportunternehmer, alle beweglichen Gegenstände werden auf Eignung getestet, um über kurz oder lang im Lager, sprich Körbchen, gehortet zu werden. Leider treffen sie ihre Entscheidung dabei ziemlich wahllos.

Wir stolzen Besitzer wollen eigentlich schon, dass Hundchen etwas trägt, aber eben nur Ball, Stöckchen oder Spielzeug. Bei teuren Schuhen oder angegammelten toten Mäusen und Fast-Food-Verpackungen sind wir jedoch ganz anderer Meinung. Wer soll jetzt das verstehen? Ihr Hund auf jeden Fall nicht.

Deshalb verlange ich jetzt einfach, dass Sie sich über alles freuen, was Ihr Kleiner herumschleppt! Jawohl, auch wenn es leider die tote Maus ist, Sie werden das schon noch verstehen.

Stellen Sie sich einfach mal vor, Sie waren einkaufen. Die Tasche ist voll mit Nudelpaketen, Käse und ein paar angequetschten Tomaten, ja, wir wissen sogar schon, was Sie kochen wollen. Sie haben Hunger und biegen glücklich um die Ecke, Richtung Heimat. Dort stellt sich Ihnen ein bedrohlicher Mensch in den Weg, brüllt Sie an und reißt Ihnen die Tasche aus der Hand. Wir lassen jetzt mal die Polizei aus dem Spiel, Polizei gibt's keine. Also, was machen Sie? Niemals würden Sie auf den Gedanken kommen, nicht mehr einkaufen zu gehen. Sie passen auf dem Rückweg zukünftig nur besser auf, gehen einen anderen Weg und versuchen, sich nicht mehr erwischen zu lassen.

Kurz hinter dem Supermarkt begegnet Ihnen jedoch ein freundlich blickender Mitmensch, der Ihnen für den nicht gerade wertvollen Inhalt Ihrer Tasche den unglaublichen Betrag von 50,- Euro anbietet. Na klar, das ist doch endlich mal ein Angebot, darauf gehen Sie gerne ein. Es lohnt sich schließlich für Sie.

Dieses Beispiel ist natürlich völlig absurd, aber trotzdem, denken Sie mal darüber nach.

Oh nein!

So, jetzt zurück zu Ihrem kleinen süßen Hund, der schon mit dem im Badezimmer gefundenen großen Putzlumpen in seinem kleinen Schnäuzchen darauf wartet, selbstbewusst an Ihnen vorbeizustolzieren.

Also, da kommt er, stolpert ein paar Mal über seine Beute, die er irrtümlich für sehr wertvoll hält und versucht nun, damit in Richtung Wohnzimmer zu verschwinden. Nein, also das geht zu weit. Sie stürzen ganz schnell auf ihn zu, brüllen Ihr obligatorisches »Nein« und sind gar nicht guter Laune. Das Hundchen ist bestürzt. Aber da Sie noch der Chef sind und Hundchen in so kurzer Zeit noch nicht viel Raffinesse lernen konnte, gibt er den kostbaren Lumpen frei. Alles ist ganz wunderbar, denken Sie jetzt.

Ist es aber leider nicht. Alles ist ganz furchtbar. So viele Irrtümer auf einem Haufen sind es wert, näher betrachtet zu werden.

Sie denken, Hundchen hätte ganz selbstverständlich verstanden, dass er nie mehr einen Putzlumpen aus dem Bad holen darf, denn das ist unfein. Und da Sie einen klugen Hund haben, hat er das auch verstanden. Punkt.

Hundchen denkt leider ganz anders. Er hegt nur den Verdacht, dass er den wunderbaren Putzlumpen, der so herrlich nach seinen Pfützen duftet, nicht *tragen* darf. Dass er ihn irgendwann mal irgendwo widerrechtlich geholt hat, ist ihm nämlich schon längst entfallen oder auch gar nicht bekannt gewesen.

Natürlich wird er ihn wieder holen. Warum auch nicht? Das war ja nicht verboten.

Was macht man jetzt aber mit einer Beute, die man zwar holen, aber nicht tragen darf? Ein sehr schweres Problem. Daran, wie schnell Ihr Hundchen lernt, sich mit der Beute wegzuschleichen und zu verstecken, so dass Sie erst später die Überreste bewundern können, lässt sich erkennen, wie schlau Ihr Hund ist.

Bei Ihnen allerdings sinkt die Stimmung. Jetzt hab ich dem dummen Hund doch schon so oft den Lumpen verboten und er gehorcht einfach nicht! Das nächste Mal brate ich ihm eins über!

Ja, wenn Sie das dann konsequent durchführen, können Sie ziemlich sicher sein, dass Hundchen, wenn groß, in Ihrer Gegenwart nichts mehr tragen möchte und erst mühsam wieder dazu überredet werden muss, der dumme Hund.

Wenn Sie allerdings wollen, dass der Missetäter den Putzlappen nicht holen soll, dann verstecken Sie ihn einfach sehr gut, oder Sie lassen unbedingt Ihren »Brüller« genau in dem Moment los, in dem die kleinen Zähnchen sich gerade ins köstlich muffige Material schlagen wollen. Sofort! Brüll!! Er darf ihn nicht *nehmen*!

Das heißt, Sie müssen Ihren Hund belauern und auf frischer Tat ertappen. Sie rügen immer nur sein momentanes Verhalten! Ja, Sie bekommen viel zu tun, dafür aber später einen guten Hund. Ist das nicht ein guter Handel?

Aber jetzt will ich Sie nicht weiter im Regen stehen lassen und möchte Ihnen ein wunderbares Rezept liefern, wie Sie die Sache mit dem Putzlumpen doch noch positiv sehen können. Wie das aber mit Rezepten so ist, manchmal gehen sie erst mal ein bisschen schief und es braucht einige Versuche, bis das Angerichtete genießbar wird. Also nicht verzagen, immer wieder neu anrühren und leise köcheln.

Man nehme:
1 Hund
1 Gegenstand
1 Tauschgegenstand (unwiderstehlich)
1 Herrchen
1 Tüte Leckerchen
15 Min. Geduld

Oh ja!

Jetzt heißt es abwarten. Aha, Hundchen kommt mit seiner verbotenen Beute um die Ecke gestolpert und guckt schon ganz komisch. Klar, Sie haben ja bisher auch alles falsch gemacht!

Jetzt rufen Sie aber freundlich flötend und leise seinen Namen. Oha, das ist ja mal was Neues, denkt der stolze Lumpenbesitzer und stutzt. Er weiß schon, dass im Leben merkwürdige Dinge geschehen können und schaut interessiert. Sie lassen sich gar nicht beeindrucken und locken und flöten weiter in den höchsten Tönen, so lieb haben Sie das kleine Monster. Langsam schleichen Sie rückwärts weg und untersuchen dabei konzentriert die Fusseln auf dem Boden. Jetzt wird es langsam unerträglich für Hundchen. Sie haben etwas, was er nicht hat, nämlich eine Wollmaus. Neugierig kommt er angerannt und will auch gucken, den Lappen fest im Griff.

Nein, nein, Sie nutzen jetzt nicht die Gelegenheit und reißen ihm das Ding gleich mitsamt eines Milchzahns aus dem Mäulchen. Sie loben Hundchen ausgiebig für sein Dasein und streicheln ruhig sein lockiges Haar. Flöt, flöt! Der Lappen interessiert Sie gar nicht, der stinkt nämlich. Nachdem auch Hundchen bemerkt hat, dass der Beute keine Gefahr droht, entspannt sich die Situation zunehmend und damit auch sein Kiefer. Erst jetzt werden Sie richtig gemein. Sie holen Ihr unwiderstehliches Tauschobjekt aus der Tasche und erwecken es vor der Welpennase zu vitalem Leben. Es wackelt hin und her, wobei Sie noch das Geräusch einer fliehenden Maus imitieren. Sie können das, machen Sie sich keine Gedanken, dass Sie dabei jemand beobachten könnte. Achtung, gleich klappt der Kiefer auf und genau in dem Moment sagen Sie »Gib her«, nehmen den Lappen mit spitzen Fingern und stopfen das Hundemaul sofort mit dem Tauschobjekt. Sie haben gewonnen! Lassen Sie die Putzhilfe verschwinden und spielen Sie fröhlich und ausgelassen »Guter Hund, lieber Hund«!

Sollten Sie diese Übung nicht so perfekt hinbekommen haben, das heißt, Sie sind immer noch nicht Besitzer eines Putzlappens, dann kommen die Leckerchen ins Spiel. Die bringen einen Hundekiefer mit ziemlicher Sicherheit zum Aufklappen.

So, das machen Sie jetzt immer, wenn Ihr Hund etwas trägt, was Sie schnell selbst haben möchten. Irgendwann, glauben Sie mir, kommt der Tag, an dem er Ihnen alles bereitwillig und freudig bringt, denn das ist ein wunderbares Spiel.

Spätestens, wenn Sie Gegenstände überreicht bekommen, die eindeutig nicht aus Ihrem Haushalt stammen, sollten Sie die Übung abbrechen, sich bei den Nachbarn entschuldigen und sich anderen Kapiteln zuwenden.

Jetzt setz dich doch endlich hin, bitte!

Bestimmt haben Sie schon beobachten können, dass ein Hund von Natur aus in der Lage ist, sich hinzusetzen oder niederzulegen. Das brauchen wir ihm überhaupt nicht beibringen. Toll, werden Sie sagen, schon wieder Arbeit gespart, da kann man ja gleich zum nächsten Kapitel übergehen.

Doch weit gefehlt, wie immer verderbe ich Ihnen die Laune und rede Ihnen ein, dass es wichtig ist, den Hund genau in dem Moment sitzen und liegen zu lassen, in dem *Sie* das wollen. Und das macht er von Natur aus eindeutig nicht. Pech gehabt.

Dauernd setzt sich der kleine Racker hin, sogar beim Spazierengehen setzt er sich plötzlich auf den Hosenboden und verweigert nach Maultierart jegliche Weiterreise. Denn Hundchen ist klug genug, sich nicht allzu weit in Feindesland vorzuwagen, was Ihnen aber völlig schnuppe ist.

Dann wieder sitzt er mit lachendem Gesicht vor Ihnen und patscht dazu herzallerliebst mit der Pfote, was heißen soll: Mama, kauf mir ein Eis – und zwar dalli!! Falls Sie jetzt gerade kein Eis in der Hosentasche haben sollten und der nächste Kiosk weit entfernt ist, trösten Sie sich. Das geht den meisten Leuten so.

Jetzt stellen Sie sich vor, Sie gehen mit einer Freundin im Park spazieren. (Ich bin jetzt davon ausgegangen, dass Sie eine Frau sind, sollten Sie jedoch ein Mann sein, dann tauschen Sie einfach Freund und Freundin so lange aus, bis es passt.)
Da ich nicht erwarte, dass Sie sich gerne auf den Boden in den Matsch setzen, erscheint also rechts von Ihnen am Weg eine Parkbank. Wie praktisch. Nun schlendern Sie gerade nichts ahnend an der Bank entlang, plötzlich versucht Ihre Freundin, Sie mit Gewalt und ohne weitere Erklärung auf eben diese Sitzgelegenheit zu drücken. Das wollen Sie aber gar nicht, verständlich, die Bank ist auch ziemlich verdreckt. Was machen Sie? Ohne es zu wissen, gehen Sie in den Widerstand, stemmen sich gegen die überraschende Einladung und versuchen, in aufrechter Lage, Ihre Würde zu bewahren. Verfügt Ihre Freundin allerdings über genügend Muskelkraft, werden Sie auf die Bretter plumpsen und von nun an schlechte Laune haben.
Ganz anders wirkt aber folgende Situation: Schon wieder laufen Sie mit der Freundin los und genau

in der Höhe der Parkbank, ganz zufällig, fällt Ihrer Freundin ein, dass sie einen Liebesbrief von ihrem neuen Angebeteten dabei hat, den sie unbedingt mit Ihnen durchdiskutieren will. Das kann nur höchst interessant werden. Sofort ziehen Sie ein Taschentuch aus dem Ärmel, wischen die angestaubte Bank sauber und setzen sich, um in aller Ruhe die Zukunft Ihrer Freundin zu planen. Sie sitzen freiwillig und entspannt. Dies ist kein Zufall, denn das Anliegen Ihrer Freundin hat Sie einfach automatisch dazu gebracht, sich setzen zu wollen!

Oh nein!

Und jetzt kommt die Hundestory:
Hundchen läuft aus Versehen neben Ihnen her und Ihnen kommt dabei der Gedanke, dass es wunderschön wäre, wenn sich Ihr neuer Partner jetzt hinsetzen würde. Das kann ja so schwer nicht sein. Sie haben ihn schließlich schon oft perfekt sitzen gesehen. Also sagen Sie »Sitz« – und nichts passiert. Sie glauben natürlich erst einmal, der Hund hätte Sie nicht gehört und versuchen es erneut. »Sitz!«. Hmmmm, irgendwas stimmt da nicht. Hundchen läuft einfach unbeirrt weiter. Sie kommen also zu dem Schluss, dass Sie dem Schwerhörigen erst einmal beibringen müssen, wie man sich hinsetzt. Gratuliere zu Ihrem Kurzzeitgedächtnis.

Leider haben Sie vergessen, dass der Hund das bereits kann – und zwar vom ersten Lebensmonat an. Also noch mal. »Sitz« und dann das Hinterteil des Verweigerers heruntergedrückt, bis das Ganze eine sitzende Position ergibt. Na, das klappt doch, werden Sie sagen und es gleich noch einmal probieren. Los geht's. Sie sagen »Sitz« und da Sie einen schlauen Hund besitzen, versteift der gleich mal die Hinterbeine, damit sie unknickbar werden. Er hat ja gleich kapiert, dass das Wort »Sitz« die Einleitung zu einem merkwürdigen Ritual ist, in dem sein Hinterteil kräftig und unangenehm bearbeitet wird.

Sie drücken also und nichts tut sich. Das ist doch unfassbar. Vorhin hatte das Tier noch ganz lockere Kniegelenke und jetzt ähnelt das Knochengerüst eher hölzernen Besenstielen. Sie drücken also weiter nach unten, wobei Hundchen kräftig dagegenhält. Selbst das knackende Geräusch seiner Lendenwirbel kann den Gang der Dinge nicht aufhalten. Einer wird gewinnen.

Sie haben einen Welpen, also werden Sie den Sieg davontragen. Bei einem größeren, erwachsenen Hund wird es leider umgekehrt sein, diesen Wettbewerb gewinnt er locker. Das Spiel ist aber trotzdem ganz unterhaltsam, wenn auch auf Dauer etwas nervtötend.

Haben Sie jetzt etwa Lust bekommen, es richtig zu machen? Wunderbar, das lob ich mir. Deswegen kommt hier das nächste Rezept:

Man nehme:
1 Hund
1 Herrchen
100 klitzekleine Leckerchen (evtl. Katzentrockenfutter)
1 Eimer gute Laune

Oh ja!

Achtung, es geht los! Herrchen und Hundchen befinden sich an ganz vielen verschiedenen Orten und fangen an, ganz toll zu üben. Was? Na ja, ich meine damit, Sie sollten diese Übung immer und überall praktizieren. Falls Sie das nur im Wohnzimmer trainieren, weil es Ihnen draußen oft zu nass erscheint, wird Ihr superschlauer Hund sich später vielleicht auch nur im Wohnzimmer setzen und auch das nur dann, wenn es dort trocken ist. Also immer und überall üben!

Jetzt gerade befinden Sie sich auf einer saftigen Frühlingswiese. Die Sonne scheint und alles könnte gar nicht schöner sein. Da werden Sie unmöglich Ihre gute Laune vergessen haben, was wiederum ideale Bedingungen schafft.

Sie hüpfen vergnügt mit Hundchen über die Wiese und weil Sie sich flott bewegen, wird Ihr kleiner Begleiter irgendwo in Ihrer Nähe sein. Ziellos wie Sie sind, springen Sie im Zick-Zack durch die Gegend, was Hundchen zu wahren Begeisterungsstürmen hinreißen wird, da Sie auch noch diese hübschen Geräusche dazu machen. Sie wissen schon, die mühsam erlernten. Das ist seine Welt, das findet er großartig.

Sobald Sie ein bisschen außer Puste sind, also ziemlich sofort, laufen Sie ein Stückchen rückwärts und machen Ihr Hundchen ganz neugierig, weil Sie nämlich ein Leckerchen in Ihre Hand gezaubert haben. Wie Sie das machen, ist Ihre Sache, der Fachhandel hält gute Lehrbücher für einfache und doch wirkungsvolle Zaubertricks bereit.

Hundchen ist schon fast bei Ihnen, Sie aber nicht faul, gehen jetzt entschlossen ein, zwei Schritte auf ihn zu und bewegen den Leckerbissen direkt über seine Schnauze Richtung Hinterteil. Hoppla, das ging so schnell, dass das Energiebündel sich ziemlich sicher gleich mal hinsetzt. Sie aber waren noch schneller. Während sein Hinterteil sich zu Boden senkte, riefen Sie ausgesprochen fröhlich und doch bestimmt »Sitz«. Juhu!

Der Hund sitzt, bekommt sofort seine Belohnung, das ist wirklich ein lobenswerter Moment.

Jetzt wechseln Sie Ihre Stimmung sofort auf ganz lässig. Sie streicheln den Kleinen ruhig mit beiden Händen über die Schultern, um ihn wenigstens für den Bruchteil einer Sekunde in dieser Position zu halten. Gut gemacht. Jetzt aber bloß nicht aus lauter Angst noch einmal »Sitz« sagen. Oder können Sie mir von einer wahren Begebenheit berichten, in der sich ein bereits sitzender Hund gesetzt hätte? Nein? Das überrascht mich jetzt nicht.

Sie dürfen beim Kraulen aber ganz hypnotisch »Bleib« murmeln, bis Sie merken, dass es so nicht mehr lange weitergehen kann. Hundchen meint nämlich, gleich wieder aufstehen zu müssen. Es juckt ihm in den Pfoten. Sie spüren das, sensibel wie Sie sind, natürlich sofort. Also bleibt Ihnen nichts anderes übrig, als mit dem beherzten Ausruf »Lauf«, den Hund wieder freizugeben. Und da Sie ja jetzt auch wieder frei sind, beginnt das Spiel von vorne. Es macht Spaß, Sie werden es sehen. Ihr Hund wird sich immer schneller setzen, damit die Sache mit der Belohnung nicht ins Stocken gerät. Während Sie mit Engelsgeduld versuchen, die Bleib-Phasen zu verlängern, ist Hundchen schon ganz wild aufs Hinsetzen.

Das üben Sie dann auch immer wieder, mit weniger Gezappel, in der Wohnung, auf der Straße, einfach überall, wo Sitzen möglich ist.

Irgendwann in ferner Zukunft, wenn das Hinterteil bei »Sitz« automatisch nach unten sinkt, vergelten Sie es dem Hund mit der Tatsache, dass die Futterbelohnung nur noch jedes zweite Mal kommt. Zum Ausgleich erhält er Ihr unwiderstehliches Streicheln und jede Menge freundlicher Worte.

Das geht dann immer so weiter. Futterzeit ist dann nur noch jedes dritte Mal und später ganz unregelmäßig, bis Sie nur noch dann etwas geben, wenn Ihnen der Sinn danach steht. Trotzdem, und das ist das Wunder, wird die Sache mit dem »Sitz« nie mehr vergessen werden. Braver Hund, gut gemacht!

Wirst du jetzt wohl herkommen!?

Natürlich, Sie wissen es schon lange! Für den normalen Haushund, der sich hoffentlich auch ab und zu außer Haus befindet, ist das Herankommen die wichtigste Übung überhaupt. Denn kommt Ihr Hundchen zuverlässig zu Ihnen gerannt, sobald er Ihr liebliches Rufen vernimmt, haben Sie schon gewonnen. Was will ein Hund, der immer kehrtmacht und zu Herrchen eilt, sobald man ihn ruft, schon viel anstellen? Sie müssen nur noch im richtigen Moment rufen.

Ich hoffe einmal, Ihr Hund hat alles vergessen, was Sie bisher mit dem ewigen Rufen seines Namens für Schindluder getrieben haben. Oder, falls da gar nichts mehr zu retten ist, geben Sie ihm vielleicht einfach einen neuen Namen?

Stellen Sie sich vor, Sie säßen im Kino. Diesen spannenden Film wollten Sie schon immer sehen und jetzt läuft er endlich auch in Ihrem Theater. Es ist gemütlich und warm, das Licht verlischt. Gebannt blicken Sie auf die Leinwand, auf der gleich, sobald Sie die halbe Stunde öder Werbung hinter sich gebracht haben, Ihr Lieblingsschauspieler sein Können zeigen wird – nur für Sie! Sie wollen die Augen gar nicht abwenden, geistesabwesend vernichten

Sie das Eiskonfekt, unmöglich kann man eine Sekunde des Geschehens verpassen.

Plötzlich gefriert das eben noch lebhafte Geschehen auf der Leinwand zum Standbild. Das kann doch nicht wahr sein. Sie fixieren Ihr Idol – aber nichts bewegt sich. Nee, das ist doch langweilig, denken Sie, die sollen jetzt endlich weitermachen. Nichts geschieht. Ihre Augen wandern langsam über die Zuschauerreihen hinweg. Eigentlich auch ganz interessant. Wer hätte gedacht, dass der noble Herr schräg vor Ihnen heimlich in der Nase bohrt? Ganz nebenbei bemerken Sie sogar, wie drei Jugendliche ihre Popcorntüten klammheimlich unterm Sitz verschwinden lassen. Eigentlich sollten Sie das natürlich gar nicht sehen, aber was soll man machen, wenn das eigentliche Geschehen kläglich versagt und der Blick andere, auch sehenswerte Ereignisse ortet? Besser als gar nichts, werden Sie denken und weiter herumgucken, es sitzen doch bestimmt auch nette Leute im Publikum …

Erst wenn endlich die betagte Vorführmaschine repariert ist, wenn die Show weitergeht, erst dann hat das alles keine Bedeutung mehr, der Film ist schließlich sehenswert, der Eintritt teuer genug und die anderen Leute sind Ihnen schlichtweg egal.
Sie wissen was ich meine? Sie sind der Film!

Oh nein!

Zur Abschreckung erzähle ich Ihnen jetzt eine Geschichte aus dem täglichen Leben. Sie spazieren gemütlich mit Hundchen durch den heimatlichen Park, denken an nichts Böses, genau wie Ihr kleiner Begleiter auch. Sie haben Ihren besten Freund schon mal von der lästigen Leine befreit, weil Sie wissen, dass ein Hund Bewegung braucht. Ihr Hund befindet sich glücklicherweise noch in Ihrer Nähe, die Welt ist also in Ordnung, denken Sie. Ab und zu bleibt das Tier sogar stehen und schaut Sie kurz an, was Sie wahrscheinlich gar nicht bemerken, weil Sie so eifrig mit Ihrem Handy beschäftigt sind. Ihr Hund wird Sie noch einige Male betrachten, bis er zu dem klugen Schluss kommt, dass dies eine höchst sinnlose Geste ist, da sie auf ewig unbeantwortet bleibt.

Also, schaun wir mal, denkt das Hundehirn so vor sich hin, gewisse Gerüche versprechen ihm in Kürze eine abenteuerliche Auflockerung seines tristen Alltags. Hundchen driftet deshalb notgedrungen ein wenig vom rechten Weg ab, was Sie natürlich sofort bemerken. Negative Dinge werden meist sofort bemerkt, positive meistens übersehen, denn die sind doch selbstverständlich, oder? Na gut, Sie rufen Hundchens Namen, murmeln ein »Tschuldigung« in den Hörer und gehen weiter. Eigentlich ist jetzt aber alles noch genau wie vorher, nur dass Ihr Hund seinen Namen gehört hat. Weil er ihn jedoch tausendmal täglich hört, interessiert der ihn aber schon lange nicht mehr, er empfindet ihn höchstens als Begleitmusik.

Macht nichts, Ihr Hund ist immer noch grob auf Kurs, bis er plötzlich, und das kommt in Parks leider häufig vor, am Horizont einen Artgenossen erspäht. Juhu, ein Traum ist in Erfüllung gegangen. Ganz kurz blickt er noch einmal zu Ihnen hin, dann spurtet er los. Ja, da rennt er, der treue Freund, bleibt in der Mitte der Distanz noch einmal wie angewurzelt stehen, ein Blick zurück versichert ihm, dass Sie dort stehen bleiben und auf ihn warten werden. Begleitet von seiner Namensberieselung, die jetzt auf ganz laut gestellt ist, setzt er seinen Weg fort. Um das zu tun, was ihm wichtig und interessant erscheint. Nämlich einen Spielkameraden zu besuchen.

Ja, jetzt sind Sie aber ärgerlich! Nichts macht einen wütender, als einen Hundenamen zu brüllen, ohne die erhoffte Reaktion zu erzielen. Die Leute gucken schon. Stark gedemütigt schleichen Sie sich schließlich davon, um Ihren Hund, der gar nicht mehr Ihr liebster Freund ist, holen zu gehen. Fluchend durchqueren Sie den Park, greifen sich den Ausreißer, der vor lauter Spielen Ihr drohendes Auftauchen gar nicht bemerkt hat, brüllen ihn ordentlich an, wobei Sie nicht vergessen, ihn kräftig durchzuschütteln. So, jetzt aber sofort an die Leine, denn Strafe muss sein! Das soll er sich mal merken, das nächste Mal kann er aber was erleben!

Eine furchtbare Geschichte, finden Sie nicht auch? Ihr Hund hätte zwar bei diesem Geschehen nicht gelernt, auf Zuruf zu Ihnen zu kommen, dafür aber ganz andere, für ihn wichtigere Dinge. Erstens nämlich, dass es nicht möglich ist, mit Ihnen zu kommunizieren und zweitens, dass er das nächste Mal höllisch aufpassen muss, wenn Sie in seine Nähe kommen. Denn jeder andere Platz ist offensichtlich schöner!

Sie wollen es anders machen? Dazu benötigen Sie dringend ein Rezept.

Man nehme:
1 Hund
1 Herrchen
1 Leine (ca. 7 m, kann auch eine leichte Wäscheleine sein)
1 Spielzeug
50 gute Leckerchen (winzige Käse- oder Fleischwurststückchen)
1 Koffer voll Freude und Spaß

Oh ja!

Also los, nochmal in den Park gegangen. Auf dem Weg dorthin benutzen Sie aber hoffentlich eine normale Leine. Sieben Meter Freiheit auf dem Gehweg könnten ganz schön ins Auge gehen. Ihr Hund weiß schon, wo es lang geht und legt sich mächtig ins Zeug, was wir ihm erst im nächsten Kapitel abgewöhnen werden.

Da müssen Sie jetzt also durch, wichtig ist, dass Sie im Park ankommen und nichts vergessen haben. Natürlich funktioniert diese Übung auch auf jeder beliebigen Wiese, Hauptsache, es steht nicht so viel Gebüsch herum, in dem sich die lange Leine verfangen könnte. Sie nehmen jetzt gemeinsam die Wiese in Besitz, das Handy schweigt. Nur Sie und Hundchen existieren auf dieser weiten Welt. Um die Verbindung zu festigen, knüpfen Sie jetzt das eine Ende der langen Leine ans Halsband des Hundes und das andere Ende knoten Sie sich am besten um den Bauch, damit Sie die Hände frei haben. Ihr Hund genießt jetzt also einen Bewegungsradius von sieben Meter, abzüglich Ihres Bauchumfanges, also sagen wir mal, er kann 13 Meter laufen, wobei Sie das Zentrum sind. Das kann man doch schon fast symbolisch sehen, alles dreht sich nur um Sie!

Bevor Ihnen das zu Kopfe steigt, laufen Sie einfach mal los. Wie immer ohne Ziel, nur hin und her und kreuz und quer. Das kann nie schaden. Sobald Ihr Kleiner Sie anschaut, erwidern Sie seinen Blick und sagen freundlich »Guten Tag«! Loben Sie ihn fürs Herschauen! Na, läuft Hundchen noch in Ihre Richtung und die Leine schleift locker über den Boden? Gut, dann weiter, bis Ihr Begleiter sich an den Rand des Möglichen begibt oder die Ohren spitzt nach einem Geräusch in seiner näheren Hundewelt. Sie sehen das ja, Sie haben ihn immer im Blick. Das ist der Augenblick!

Jetzt! Sie rufen seinen Namen, um ihn auf sich aufmerksam zu machen. Das eigentliche Kommando folgt sogleich und heißt »Hier!«. Sein Name sagt ihm nur, dass *er* gemeint ist und nicht Bello von nebenan, er sagt ihm aber nicht, was er tun soll! Das würden Sie verstehen, wenn Sie zwei Hunde hätten, die unterschiedliche Dinge ausführen sollen.

Also, Sie rufen freundlich aber bestimmt »Hier!« und bewegen sich sofort vom Hund weg. Kommt er? Wenn nein, können Sie mit Hilfe der Leine sofort auf sich aufmerksam machen. Zupfen Sie dran, ziehen Sie Hundchen ein Stück zu sich heran und hüpfen Sie auf und ab, laufen Sie ganz schnell auf der Stelle. Tun Sie was! Nur gehen Sie nicht zu Ihrem Hund hin! Denken Sie daran, dass Sie hier den spannenden Hauptfilm darstellen und keine langweilige Panne. Kommt er jetzt auf Sie zugelaufen, ist es wichtig, dass er ganz nah an Sie herankommt und nicht wie ein geölter Blitz an Ihnen vorbeijagt, um sein Glück in der anderen Richtung zu versuchen. Wenn er kurz vor Ihnen ist, grapschen Sie nicht nach ihm, pfui, das ist doch kein Benehmen!

Laufen Sie rückwärts und halten Sie ein Leckerchen ganz dicht am Körper in der Hand, das wird ihn nah an Sie heranbringen. Geben Sie ihm jetzt die Belohnung sofort, ohne abschließende Sitzübung. Er wird fürs Herkommen belohnt! Ein korrektes »Vorsitzen« kann man später mit Leichtigkeit dazubasteln. Und freuen Sie sich ganz fürchterlich! Holen Sie das Spielzeug aus der Tasche und vergnügen Sie sich eine Runde zusammen. Spielen Sie eng am Körper, werfen Sie das Ding nicht mehr als einen Meter weit, es soll immer zu Ihnen gehören. Vergessen Sie Ihre »Hundesprache« nicht, Sie fiepsen und summen, schnalzen und zischen. Und so, wie Sie das Spiel begonnen haben, beenden Sie es auch wieder. Das Spielzeug wandert in die Tasche und fertig.

Laufen Sie jetzt einfach weiter herum und rufen Sie Ihren Hund dann und wann mit »Hier!« zu sich. Speziell in den Momenten, in denen er sich gerade mit etwas anderem befassen wollte. Sie können das jetzt ja schon vortrefflich. Belohnung, Spiel und Freude folgen sofort, weil es immer schneller klappt. Der Abstand, den Sie sich durch diese Übung angewöhnen, entspricht ungefähr dem Einflussbereich, den Sie auch später ohne Leine haben werden. Sehen Sie also zu, dass sich Ihr Hund in diesem Radius zuhause fühlt und ihn als »unsichtbare Leine« akzeptiert.

Zwei Dinge noch:
Rufen Sie Ihren Hund nie, wenn Sie schon vorher wissen, dass er nicht kommen wird und Sie keinen Einfluss darauf nehmen können, also wenn er ohne Leine läuft. Rufen Sie ihn jedoch immer, wenn er sowieso schon zu Ihnen gelaufen kommt. Denn wo Herrchen ist, da ist es am schönsten!

Kurze Leine – langer Arm

Tja, gerade sind Sie im Park gewesen, um mit der langen Leine fleißig zu üben. Jetzt müssen Sie nur noch dort hinkommen, ohne die Nerven zu verlieren. Ich traue mich kaum, Ihnen zu sagen, dass alles noch viel schlimmer kommt, als Sie dachten.

Ihren kleinen Welpen haben Sie vermutlich hinter sich hergezogen, ist Hundchen aber schon größer und fühlt sich den Herausforderungen der Umwelt gewachsen, ja, dann wird es andersrum gewesen sein. Ich weiß, Sie regen sich da noch nicht drüber auf, weil Ihr Schultergelenk noch richtig in der Pfanne sitzt. Die Zugkraft Ihres Begleiters wird ja auch gerade erst trainiert. Sie waren sogar stolz, weil der kleine Wuschel den Weg in so kurzer Zeit schon auswendig gelernt hat und genau weiß, wo er hinstrebt.

Treiben Sie ihm das aus! Sofort!

Jetzt sind Sie aber erschrocken. Nein, das sollten Sie nicht. Ich möchte nur verdeutlichen, wie wichtig es ist, dass Sie Ihrem Hund von Anfang an beibringen, manierlich an der durchhängenden Leine zu laufen. Die Leine dient nicht dazu, die jeweilige Arm- oder Halsmuskulatur erstarken zu lassen. Gehen Sie besser ins Fitness-Center, falls Sie Ihr Äußeres modellieren wollen.

Eine Leine ist dazu da, den Hund in unübersichtlichen Situationen problemlos kontrollieren zu können. Und sie ist meist vorgeschrieben, um andere Menschen vor den Gefahren zu schützen, die Ihr Hund, aus was für Gründen auch immer, heraufbeschwören könnte. Ganz nebenbei schützt sie auch Ihren Hund vor Autos und sonstigen Ungeheuern. Die Zahl der Menschen, die Angst vor Hunden haben, steigt in dem Maße, in dem Hunde, die Mist bauen, nicht an der Leine geführt werden. In der Stadt wird sich Ihr Hund so oft an der Leine wiederfinden, dass er Ihnen dankbar sein wird, wenn Sie ihm beigebracht haben, sich fortzubewegen, ohne dem Erstickungstod nahe zu sein. Ihr fantastisches Lernziel sollte sein, in jeder Hand eine Einkaufstüte schleppen zu können, die Leine des Hundes locker am kleinen Finger eingehängt. Geht nicht? Doch!

Ich schicke Sie jetzt mit einer flüchtigen Bekannten in eine Gemäldeausstellung. Was dabei passiert, wird sicherstellen, dass die flüchtige Bekannte nie Ihre Freundin werden wird und Sie der Flüchtende sind.

Sie beginnen, durch die Hallen zu schlendern, wobei Ihr Blick fest auf die Wände bzw. Bilder gerichtet ist. Gerade werden Sie magisch vom leuchtenden Rot eines gerahmten Vierecks angezogen, da zieht Ihre Bekannte Sie rüde am Ärmel in eine andere Richtung, denn deren Lieblingsfarbe ist dummerweise Blau. Ärgerlich für Sie. Die menschliche Höflichkeit lässt Sie zwar mitgehen, dennoch wünschten Sie sich ein wenig mehr Distanz und weniger Grobheit. Schon wieder werden Sie am Ärmel gekrallt und festgehalten, hätten Sie doch fast ein herausragendes Kleinod übersehen. Jetzt reicht's aber! Sie versuchen sich loszumachen, aber Ihre Bekannte lässt nicht locker. Je kräftiger sie festhält, desto ausgeprägter gestaltet sich Ihr Freiheitsdrang. Ein lustiges Ziehen und Zerren beginnt. Wie das jetzt für Sie ausgehen wird, weiß ich nicht, das kommt ganz auf die Qualität Ihres Jackenstoffes an. Ich weiß nur, dass unerwünschter Druck Gegendruck heraufbeschwört und Zug erzeugt Gegenzug.

Versuchen Sie es im nächsten Ausstellungsraum doch einmal mit einem netten Gespräch, in dem Sie sich gegenseitig auf die künstlerischen Höhepunkte aufmerksam machen. Sie werden bei dieser Gelegenheit eventuell feststellen, dass Ihre Bekannte höchst gebildet ist und sich gerne ihrer Führung anvertrauen, unter der Bedingung, dass sie jegliche Art von Körperverletzung unterlässt. Vielleicht klappt's dann ja doch noch mit der Freundschaft?

Oh nein!

Oh, um ein Haar hätten wir jetzt Ihren Hund vergessen, der schon ungeduldig zuhause rumjammert und endlich Gassi gehen will. Um Ihnen auch einmal eine Ruhepause zu verschaffen, lassen wir heute den kleinen Quälgeist von Ihrem Nachbarn ausführen, der kann genauso gut alles falsch machen wie Sie.

Die beiden stürmen los. Hundchen ist jetzt in einem Alter, in dem er den Rückwärtsgang durch einen enormen Turboantrieb ausgetauscht hat. »Vorwärts« heißt neuerdings seine Devise! Je schneller, je besser! Nach zwei Sekunden spannt sich die Leine bedenklich in die Richtung, in die Sie bisher immer gegangen sind. Und für Hundchen steht am Ende jedes Weges eine Würstchenbude! Park, Wiese, Wald, egal, seine Gedanken sind bereits vorausgeeilt zu Spiel, Bewegung, Freude und allerlei Arten von Belohnung. Fehlt nur noch der Rest des Hundes. Den schiebt er jetzt nach.

Ihr Nachbar bekommt das gleich zu spüren, sein ohnehin schon gequälter Tennisarm wird lang und länger. Insgeheim verflucht er bereits die Idee der steuerfreien Nachbarschaftshilfe. Da er Ihnen aber diese Schlappe auf keinen Fall eingestehen kann, hält er durch. Schließlich versprachen Sie im Gegenzug, am Wochenende seinen Hamster zu füttern.

Es geht weiter, mehr Leine und Arm sind nicht verfügbar, bleibt nichts anderes übrig, als schneller zu gehen. Hundchen verbucht einen gewissen Erfolg auf seiner Seite und beschleunigt sogleich ebenfalls das Tempo. Sein Atem geht bereits etwas keuchend, was ihn jedoch nicht daran hindert sich in geduckter Haltung, mit allen Pfoten fest im Boden verkrallt, vorwärts zu arbeiten. Immer weiter – immer heiter!

Ihrem Nachbarn stinkt es schon gewaltig, weiß er doch, dass er gerade genau das lächerliche Bild von Hund und Halter abgibt, über das er sich sonst selbst so köstlich amüsiert. Das kann er unmöglich auf sich sitzen lassen. Beherzt zieht er den Anker ein, das heißt, mit Anstrengung verkürzt er die Leine auf ein, wie ihm scheint, vernünftiges Maß. Also ganz kurz! Wenn wir jetzt die unbedeutende Tatsache außer Acht lassen, dass Hundchen nun mit den Vorderpfoten in der Luft paddelt, wobei sein Keuchen in ein leiseres Röcheln übergeht, sieht es von weitem fast so aus, als würden die beiden in gewisser Weise harmonieren. Doch Ihr Nachbar bemerkt es als erster. Selbst jetzt noch entwickelt das Tier mit seinen Hinterbeinen einen gewaltigen Schub nach vorne. Wie kann man aus so wenig Atemluft so viel Energie gewinnen? Da er kein Unmensch ist, lässt er Hundchen ab und zu mit allen Füßen auf den Boden und reißt ihn dann mit einem Ruck zu sich heran. Hundchen kann das später als »Salto rückwärts« im Zirkus vorführen, sollten die Zeiten einmal schlechter für ihn werden. Nun ja, begleitet von Kapriolen dieser Art und unter Vollführung eines schnellen Stechschrittes erreichen die beiden schließlich das erwartete Ziel. Erleichtert lässt Ihr Nachbar endlich dieses Monster von der Leine, damit es nach erfolgreicher, schwerer Arbeit seine sauer verdienten Runden rennen kann.

Nie wieder, denkt Ihr Nachbar, während er sich den Schweiß abtupft und den Arm lockert. Gleich wenn er wieder Zuhause ankommt, wird er den Hamster seiner kleinen Nichte schenken.

Und Sie? Seien Sie einfach froh, dass Sie bei diesem Ausflug nicht dabei waren. Sie zeigen Ihrem Nachbarn jetzt gleich, was eine Harke ist, Sie können das besser. Aber passen Sie auf, dass er Sie nicht beobachtet, sonst laufen Sie Gefahr, zum Gespött der ganzen Umgebung zu werden.

Rezept gefällig?

1 Hund
1 Herrchen
1 Leine (ca. 2 m)
1 LKW Ladung voll stoischer Gelassenheit
1 Buch über transzendentale Meditation
einige wenige Leckerchen

Oh ja!

Diesmal bedarf es zum guten Gelingen einiger Vorbereitungen. Am Abend, bevor Sie sich an diese Übung heranwagen, lesen Sie ausgiebig in oben erwähntem Buch, praktizieren die verschiedensten Meditationsübungen und werden zum Fels in der Brandung Ihres Ichs. Atmen Sie tief und ohne Angst! Ein und aus, ein und aus ... gut so! Jetzt können Sie von mir aus schlafen gehen.

Am nächsten Morgen machen Sie sich gleich auf den Weg, doch ach, Sie haben da ein Problem, bevor Sie richtig anfangen können – Ihr Hundchen muss ganz dringend mal. Lassen Sie ihn das also vorher so erledigen, wie Sie das immer machen, ich hoffe, dass dazu nicht der Gehweg herhalten muss.

Anschließend kann es losgehen! Diese Übung ist auch als »Spazierenstehen« bekannt, was Sie sofort misstrauisch aufhorchen lassen sollte. Recht haben Sie. Sie werden nirgends ankommen, vorwiegend herumstehen und sich langweilen. Trotzdem lohnt es sich. Fangen Sie an. Nach den ersten drei Schritten hängt Hundchen schon gewohnheitsmäßig vorne am Ende der Leine, die aber weiterhin ihre volle zwei Meter Länge entfalten soll. Sie fassen nur die Schlinge am hinteren Ende, alles andere ist verboten. Die Leine spannt sich, Hundchen zieht begeistert los. Zu seinem Entsetzen bleiben Sie jetzt einfach stehen. Nichts geht mehr. Die Leine bleibt gespannt, Sie erstarren in dieser Position und meditieren. Sie schauen in den Himmel und warten. Hundchens Schnauze weist in Richtung Ziel, der Hals ist leicht gequetscht – auch er wartet. Auf was eigentlich?

Ich sag's Ihnen: Sie warten darauf, dass Ihr Hund zu Ihnen kommt und er wartet darauf, dass Sie endlich weitergehen. Aber Sie rufen ihn nicht und das ist das Schlimme, er muss es selbst herausfinden. Sie stehen, entrückt von dieser Welt, bewegungslos herum. Sie dürfen gar nicht ganz bei sich sein, denn sonst würden Sie bemerken, wie peinlich das auf Dauer wirkt. Falls jemand beginnt, auf der stetig gespannten Leine seine Wäsche zum Trocknen aufzuhängen, dürfen Sie das aber selbstverständlich untersagen.

Endlich, Hundchen hält es nicht mehr aus und schaut sich mal nach Ihnen um, irgendwas muss kaputt sein an seinem schönen Schlitten, also an Ihnen. Sie schauen freundlich in seine verwirrten Augen und gehen einen Schritt rückwärts. Locken Sie ihn mit Gesten und einem Zungenschnalzen an Ihre Seite, erst mal egal welche. Sobald das geschafft ist, klopfen Sie ihm lobend auf die Schulter und gehen weiter. Vielleicht schaffen Sie ja weitere drei Schritte, bis er wieder vorne hängt und zieht? Woraufhin Sie wieder zur Salzsäule erstarren.

Es geht von vorne los. Gehen Sie in sich, beschwören Sie Ihr Ich, dass es Ruhe gibt und dieser Belastung standhält. Ihr Hund ist schlau, verzweifeln Sie nicht, er schaut sich jetzt schon schneller nach Ihnen um. Aber Sie gehen erst weiter, wenn er an Ihrer Seite erscheint. Stellen Sie sich vor, auf dem Boden neben Ihnen befände sich ein Schalter, der, sobald Ihr Hundchen drauftritt, Ihren Gehapparat in Gang setzt. So ähnlich wird Ihr Hund das bald empfinden und genauso wird er umgekehrt lernen, dass, sobald das Ding an seinem Hals Druck ausübt, jegliche Bewegung beendet wird. Er wird sogar kapieren, dass, sollte er immer mitten auf dem Schalter neben Ihnen laufen, die Bewegung wunderbar flüssig weiter besteht. Sie trauen ihm das nicht zu? Jetzt enttäuschen Sie mich aber. Natürlich müssen Sie dafür eine ganze Weile üben und weil Hundchen es selbst herausfinden muss, dauert das schon seine Zeit. Nehmen Sie sich diese Zeit! Es lohnt sich!

Sobald Sie ein paar Schritte mehr machen können und Ihr Hund zügig an Ihre Seite eilt, um Sie in Gang zu kriegen, geben Sie ihm, sollte er die linke Seite erwischen, ein Leckerchen. Er soll lernen, die linke Seite zu bevorzugen, denn Sie sind höchstwahrscheinlich Rechtshänder, deshalb halten Sie sich die rechte Seite frei.

Sobald Sie die Schnauze voll haben von dieser Übung, gehen Sie nach Hause oder sonstwo hin, nur nicht in den Park, den Ihr Hund angepeilt hatte! Jetzt noch das Schrecklichste zum Schluss: Sie werden Wochen zu üben haben, bis Sie endlich dort ankommen.

Spazieren gehen – Ferienzeit!

Hoffentlich habe ich Sie im letzten Kapitel nicht überstrapaziert, was nicht meine Absicht war. Aber da Sie hier offensichtlich weiterlesen, kann es so schlimm nicht gewesen sein. Ich versichere Ihnen, das Gröbste haben Sie überstanden, jetzt gehen wir spazieren und Sie erholen sich so richtig.

Mit einem Hund spazieren zu gehen, ist schon etwas verschieden zu dem, was Sie vorher kannten. Ferienzeit stimmt schon – nur Freizeit ist es nicht so richtig. Was nicht heißen soll, Sie würden mit Arbeit überschüttet werden. Wenn Sie mit einem Hund spazieren gehen, ob an der Leine oder nicht, sind Sie nicht alleine. Das ist schon mal klar. Sie haben die Verantwortung für ein anderes Lebewesen übernommen und somit auch für dessen Verhalten anderen Menschen, Tieren und seiner gesamten Umwelt gegenüber.

Oh je, werden Sie jetzt denken, geht das schon wieder los. Ihre Befürchtungen kann ich zwar mittlerweile verstehen, trotzdem sind sie diesmal unbegründet. Wir machen wirklich nur einen Spaziergang der besonderen Art, bei dem Sie und Hundchen lernen, ein hervorragendes Team zu sein und vor Freude gar nicht mehr heim wollen. Wenn Sie bis jetzt durchgehalten haben, dann werden Sie in den Genuss kommen, alles, was Sie beide bisher gelernt haben, auch endlich einmal sinnvoll anzuwenden. Die Übungen werden auf den Alltag übertragen. Ihr Spaziergang wird Ihnen gefallen, die Belohnung für all Ihre Mühen rückt in erreichbare Nähe. Wenn Jogger, Radfahrer und andere Waldgänger Ihren Hund positiv erwähnen oder Sie auch nur freundlich gegrüßt werden, dann haben Sie es geschafft! Glauben Sie mir, das kommt normalerweise nicht allzu oft vor.

Stellen Sie sich vor, Sie fahren in Urlaub. Eine Bildungsreise ist angesagt. Ein Flieger bringt Sie in Windeseile nach Athen, wo Sie, nach einer kurzen Erfrischung, auf die Akropolis gejagt werden. Sie dürfen jetzt nicht mit mir schimpfen. Einer Menge anderer Urlauber ergeht es ebenso, Sie werden das dort sofort bestätigt finden. Damit Sie auch was lernen und sich auf dem imposanten Hügel nicht verlaufen, schließen Sie sich klugerweise einer professionellen Führung an. Die Gruppe setzt sich in Bewegung, allen voran der Fremdenführer, dem Sie den etwas unbequemen, mit unzähligen Stufen gepflasterten Weg bergauf folgen. Eine erschöpfte Menschenmenge kommt Ihnen bergab entgegen, zügiger, als die müden Gesichter vermuten ließen. Gerade bekommen Sie eine vage Vorstellung davon, wie »gebildet« auch Sie nachher auf dem Rückweg aussehen werden, als die Menschenknäuel sich vermischen und Sie rücksichtslos an die Mauer gedrängt werden. Ihre Gruppe stapft unbeirrt weiter bergan. Sie hüpfen hektisch auf und ab, um über die Köpfe der Touristen hinweg Ihre Gruppe im Auge zu behalten. Wohin geht sie? Biegt sie ab? Vergessen Sie nicht, Sie haben Geld für die Führung bezahlt! Jetzt! Nichts wie hinterher! Niemand beachtete Ihr Verschwinden, geschweige denn, hätte auf Sie gewartet. Dies ist also das Pantheon, so, so?, blahh ... blahh, deren wundervolle Originale, ach ja?, blahh ..., das Britische Museum kommt erstaunlich oft vor, aber warum? Sie verstehen nicht so recht und versinken in die Betrachtung einer ausgetretenen Stufe. Gedanken an marschierende griechische Sandalen verschleiern Ihre Sinne nur für einen Moment.

Gerade als Sie sich fragen, ob nicht vielleicht nur Touristensandalen diesem Stein so zusetzten – ist sie schon wieder weg, die Gruppe. Verflixt noch mal, kann man denn hier nicht in Ruhe rumtrödeln? Nein! Kann man nicht! Sie müssen schon besser aufpassen. Am Andenkenladen um die Ecke holen Sie Ihr Urlauberrudel schließlich wieder ein, nachdem Sie sich kurz irrtümlicherweise in der Obhut eines japanischen Fremdenführers befanden. Das hat Sie ein wenig erschreckt und zur Eile angetrieben. Aufatmend gesellen Sie sich wieder Ihrer Gruppe zu und lassen diese fortan nicht mehr aus den Augen. Welch kluger Beschluss. Sie lauschen, lernen und folgen, denn niemand wartet auf Sie! Verstehen Sie mich? Die Gruppe steht für Ihre Führungsansprüche und Sie, nun ja, Sie stellten gerade den Hund dar.

Oh nein!

Ich weiß, Sie warten schon und möchten endlich spazieren gehen. Es ist Sonntag, das Wetter lädt Sie und viele Ihrer Mitmenschen zu einem Waldspaziergang ein. Hundchen hat die unendlichen Weiten schon mal am Geruch erkannt und dobst ungeduldig auf und ab. Das Auto ist geparkt, die Luft ist rein, was hindert Sie also noch? Ich. Ja genau, ich hindere Sie daran, ich werde es zumindest versuchen. Denn ich fürchte, gleich Zeuge bedauerlicher Szenen sein zu müssen, au weia, so hatte ich mir das nicht vorgestellt.

Also, die Autotür aufgerissen, ist schließlich ein Parkplatz, da kann ja nichts passieren. Ihr Hund steigt auch schon mal aus, glücklich, die Strapazen der Fahrt überstanden zu haben, um sofort fröhlich und ausgelassen die neue Umgebung auszukundschaften. Da stehen viele Autos, Menschen laufen umher, um ihr eigenes wiederzufinden, sogar Hunde tauchen ab und zu auf. Während Sie nun damit beschäftigt sind, den Rücksitz Ihres Autos notdürftig von einem kleinen Häufchen Erbrochenem zu befreien, hat Ihr Hund schon neue Freunde gefunden. Wahrscheinlich alles Herrchen aus seinen früheren Leben, die er sofort wiedererkennt und innigst liebt. Er springt gleich mal alle an, freudig erregt möchte er ihnen die etwas zu hoch gelegene Schnauze lecken, da muss er ja springen, wie anders soll er sonst drankommen? Hundchen gibt sich viel Mühe. Sie blicken auf: »Runter, lass das sein, Pfui, Aus!« probieren Sie Ihr Repertoire an Befehlen, die hier passen könnten. Jetzt kommt aber der Hammer, Hundchen ist extrem süß, tapsig und freundlich, wegen des guten Wetters verfügt er sogar über einigermaßen saubere Pfoten und es ist wunderschön, von ihm geliebt zu werden. »Ach, das macht doch nichts, der ist ja so goldig«, rufen die auserwählten Leute Ihnen zu und streicheln sein in Sprungabständen auftauchendes Köpfchen. Und Sie glauben das sofort, vergessen augenblicklich Ihr »Runter, lass das sein, Pfui, Aus!«. Na ja, wenn es nichts macht, dann kann ich ja weiterputzen, bin eh gleich fertig.

Nun kann es losgehen, Sie fangen schimpfend Ihren Hund ein, der bei der letzten Begrüßung Unbekannter doch nicht so willkommen war und stapfen in den nächstbesten Waldweg. Dort lassen Sie Hundchen wieder von der Leine, um zusammen durch die wunderschöne, freie Natur zu toben. Es wimmelt ein wenig, der Tag ist einfach zu schön. Überall Menschen. Und Hunde. Ihr Kleiner tobt schon mal los, begrüßt alles und jeden, freut sich in einem fort über so viel Aufmerksamkeit und lädt zum Spiel ein, wo immer sich etwas bewegt. Auf jeden Fall ist er Ihnen schon weit voraus. Sie toben selbstverständlich auch, nun allerdings vor Ärger über so viel Ungehorsam und Hundeegoismus. Sie rufen, Sie brüllen und Sie flehen. Sie fragen sogar schon die entgegenkommenden Spaziergänger, ob die einen kleinen Hund gesehen hätten. Ja klar, der trabt fröhlich mit einem Jogger, welcher auch der Meinung war, es mache nichts, Richtung Süd-West. Na, wenigstens wissen Sie jetzt, welchen Weg Sie einschlagen müssen, um Ihren Ausreißer wiederzufinden, das kann schon viel wert sein. Sich am Moos der Bäume orientierend sprinten Sie los, im Dauerlauf lässt es sich nicht so gut fluchen, weshalb Sie sich in Gedanken ausmalen, was Sie Ihrem Hundchen alles erzählen werden, sobald Sie ihn gefunden haben. Wer sagts denn, da sitzen sie schon, einträchtig teilen sich Jogger und vermeintlich zugelaufener Hund das Vesperbrot, machen Pause an einem sonnigen Fleckchen am Waldrand. Wie idyllisch, an deren Stelle hätten jetzt Sie sein können – wenn Sie Ihrem Hund etwas geboten hätten. Das haben Sie aber nicht, da nutzten auch keine verbalen Angriffe auf den verwirrten Sportsmann. Was jetzt kommt, kennen wir schon. Hund anbrüllen, Anleinen, der Tag ist im Eimer, wir gehen nach Hause. Ende der Vorstellung.

Aber versprochen ist versprochen. Damit Sie doch noch zu Ihrem wohlverdienten Spaziergang kommen, packen wir jetzt folgende Sachen zusammen:

1 Hund Ihrer Wahl
1 ausgeruhtes Herrchen
1 Leine (ca. 2 m)
1 Schleppleine (ca. 7-10 m)
1 Fass Ideen
1 Tüte guter Laune
1 Tasche voll Leckerchen

Oh ja!

Es sollte Ihnen schon vertraut sein, dass wir immer zweimal dieselbe Übung durchgehen, einmal völlig daneben und einmal wunderschön, weshalb ich Sie auch jetzt wieder in den Wald schicke. Allerdings ist das Wetter nicht ganz so verlockend, ein bisschen bedeckt ist es und auch nicht Sonntag, kurz gesagt, für den Anfang ist es hilfreich, wenn nicht Gott und die Welt unterwegs wäre, um uns jede Minute von unserem Vorhaben abzulenken. Alle zehn Minuten abgelenkt zu werden reicht uns vollkommen aus. Bevor Sie nun aus dem Auto aussteigen, leinen Sie Ihren Hund an und achten beim Öffnen der Tür wie ein Luchs darauf, dass das euphorische Tier nicht sofort aus dem Auto entfleucht. Das verbieten Sie ihm generell. Halten Sie ihn liebevoll fest, sagen Sie »Bleib«, bis er sich beruhigt hat und einigermaßen bewusst sitzen bleibt. Loben Sie ihn dafür nicht zu herzlich, denn das verleitet ihn mit Sicherheit zu erneuten Freudenkundgebungen. Also ruhig Blut. Sitzt er wartend zehn Sekunden lang still, wird er mit einem Kommando, welches Sie sich selbst ausdenken dürfen, aus seinem Gefängnis entlassen.

Ich hoffe für Sie, dass im Auto keine Übelkeitshinterlassenschaften zu beseitigen sind, falls aber doch, so binden Sie Ihr Hundchen während der Zeit, in der Sie mit Schrubben beschäftigt sind, in Ihrer unmittelbaren Nähe an. Am Sitz oder sonstwo, auf jeden Fall lassen Sie Ihren Liebling keine Sekunde unbeaufsichtigt. Alles sauber? Nichts vergessen?

Dann kann es ja losgehen, Sie suchen sich einen hübschen Waldweg aus und gehen endlich spazieren.

Das heißt, Sie spielen sich mit Ihrem Hund durch den Wald, wobei Sie eine kindliche Freude entwickeln, die zugegebenermaßen anfangs irritierend auf Sie und andere wirkt. Das ist normal, machen Sie sich keine Sorgen, alles Neue ist erst einmal gewöhnungsbedürftig, Sie sind ja nicht mit Ihrer Oma unterwegs, sondern mit einem agilen Springinsfeld.

Atmen Sie die wunderbare Luft, hocken sich zu Ihrem Hund hinunter und wechseln die normale Ausgehleine gegen die lange Schleppleine aus. Diese darf am Ende auf keinen Fall eine Handschlaufe aufweisen, sondern ist da, wo sie aufhört, einfach abgeschnitten. Ihr Hund zieht die Leine ja auf dem Boden hinter sich her und die sehr plötzliche und sinnlose Vollbremsung, wenn die Schlaufe sich in einem Ast oder sonstwo verfangen würde, wollen wir ihm gar nicht erst zumuten.

Wenn hier einer bremst, dann sind Sie das. Und das tun Sie auch, wenn Ihr Hund sich weiter als fünf Meter von Ihnen entfernt und auf Ihren Zuruf nicht reagiert. Treten Sie auf die Leine und rufen noch einmal, ruckeln Sie einmal und machen Sie sich interessant, kratzen Sie mit einem Stöckchen in der Erde und schauen Ihr Hundchen gar nicht an. Seine Neugierde wird die Oberhand gewinnen, wo es etwas zu tun gibt, werden Hundeherzen schnell schwach. Das kann er sich nicht entgehen lassen. Sobald er bei Ihnen ist, wühlen Sie zusammen im Erdreich, Sie dürfen gerne weiter das Stöckchen benutzen, um Ihre Fingernägel zu schonen, Sie werden auch so noch schmutzig genug werden. Belohnen brauchen Sie den Hund jetzt nicht extra, denn das gemeinsame Buddeln ist an sich schon ein positives Erlebnis und war es auf jeden Fall wert, zu kommen.

Sobald Sie genug von dieser Beschäftigung haben oder auf Grundwasser stoßen, laufen Sie einfach weiter. Achten Sie nebenbei immer darauf, dass sich die Leine nicht verheddert. Halten Sie Ihrem Hund das Stöckchen hin, zerren Sie ruhig ein bisschen damit herum und werfen es dann einen Meter weit weg. Nicht weiter. Sie wollen ja den Ort des Geschehens nicht von sich entfernen, sondern spielen immer um sich herum. Sobald Ihr Hund das wildgewordene Holz eingefangen hat, zerren Sie wieder und wechseln sich im Gewinnen der Beute ab.

Wunderbar, aber urplötzlich haben Sie keine Lust mehr auf dieses Spiel und hören auf. Und Sie haben auf jeden Fall keine Lust mehr, *bevor* Ihr Hund die Lust verliert. Sie hören auf, wenn es am schönsten ist. Ja, ja, da müssen Sie durch, nur so bleibt Ihr Hundchen ganz wild auf das nächste Spiel mit Ihnen.

Nun laufen Sie weiter und stellen mit gemischten Gefühlen fest, dass sich auf leisen Sohlen zwei Jogger Ihrer Idylle nähern. Hat Hundchen sie auch schon bemerkt? Lassen Sie nicht zu, dass er Zeit hat, sich zu überlegen, was er mit diesen zwei Gestalten jetzt anfangen will. Gedanken wie Entgegenrennen, Anspringen, Anbellen, Einfangen oder Mitlaufen ziehen durch sein kleines Köpfchen. Er weiß noch nicht, dass er sich diese Überlegungen sparen könnte, denn was mit frei herumlaufenden Joggern und sonstigen Menschen zu tun ist, entscheiden ganz alleine Sie. Nämlich gar nichts.

Sie haben Besseres zu tun, rufen ganz entspannt Ihren Hund zu sich und bestehen mittels Leine auf sofortiger Ausführung. Immer locker bleiben, noch ist ja nichts passiert, zeigen Sie jetzt auf keinen Fall Hektik oder Anspannung, denn eigentlich interessieren diese keuchenden Sportler Sie doch überhaupt nicht. Die allerwenigsten Jogger greifen harmlose Spaziergänger an und essen kann man sie auch nicht. Also sind sie keine Bedrohung und keine Beute, dementsprechend können wir sie getrost als Luft bezeichnen.

Lassen Sie Ihren Hund nun am Wegesrand sitzen, so wie Sie das hoffentlich schon gelernt haben. Dabei sollten Sie dringend darauf achten, dass Sie *zwischen* Ihrem Hund und den vorbeilaufenden Joggern stehen, denn Sie beschützen ihn und nicht er Sie. Auf diese Idee darf er gar nicht erst kommen, Sie brauchen keinen Schutz, denn Sie sind hier der Stärkere und Allwissende. Sobald die Jogger auf gleicher Höhe mit Ihnen sind, geben Sie Ihrem wunderbaren, sitzenden Hund ein schönes Leckerchen für seine Meisterleistung. Natürlich nur, wenn er sich ruhig verhalten hat, sollte er bellen oder sonstigen Unsinn machen, dürfen Sie natürlich auf keinen Fall belohnen, auch wenn die Jogger überlebt haben. Im Erfolgsfall loben Sie also ausgiebig und laufen gleich weiter, das war ja schließlich keine große Sache. Wenn Sie das nun konsequent wiederholen, kommt Ihr Hund beim Anblick eines Joggers gleich zu Ihnen, um sich nach erfolgreicher Sitzung seinen Leckerbissen abzuholen. Später, sobald diese Übung funktioniert, ist es dann mit Lob und Streicheleinheiten getan, die Leckerchen werden langsam, wie gehabt, ausgedünnt.

Nun können Sie ruhig auch ein Stückchen rennen, Bewegung schadet nicht, nur halten Sie Ihre enge Hundebeziehung aufrecht. Warten Sie nicht auf Ihren Hund, warten Sie nie auf Ihren Hund. Verstecken Sie sich kurz hinter einem Baum. Die Wiedersehensfreude ist grenzenlos, sobald Hundchen Sie nach zwei Sekunden gefunden hat. Wechseln Sie ab und zu die Richtung. Denn auch er soll ein immerwährendes Auge auf Sie haben, Sie dürfen auf keinen Fall verloren gehen! Und das ist eigentlich schon der Sinn der ganzen Sache, nicht Sie sind verantwortlich, dass Ihr Mini-Rudel zusammenbleibt, nein, das ist Sache Ihres Hundes – denn wäre er Tourist in Athen … ja, Sie wissen schon.

Jetzt können Sie gemeinsam weiter durch den Wald stromern, ich werde Ihnen das nicht alles beschreiben, jedoch mit Stolz beobachten, wie Sie Hundchen *exakt* beim Auftauchen von Spaziergängern erziehen und konsequent bleiben – obwohl die doch gerade behaupteten, dass »es nichts macht«, wenn er sie anspringt. Lassen Sie sich von Passanten nicht dazwischen quatschen, Hundchen darf das nicht und basta. Ihr Hund findet nämlich sonst in null Komma nix heraus, dass Sie ihm gegenüber beim Auftauchen fremder Menschen eigentümlich unsicher und zögerlich werden. Ein gefundenes Fressen für sein Ego und seine falsche Auslegung des Sachverhaltes.

Was dabei herauskommt ist ein vorpreschendes, bellendes Monster, das sein wankelmütiges Herrchen beschützen will, auch wenn Sie glaubhaft immer wieder beteuern, dass er »das sonst nicht macht«. Glauben Sie mir, irgendwann »macht er das auch sonst«.

Nehmen Sie den Hund hinter sich, wechseln Sie ein paar freundliche Worte und setzen Ihre Wanderung gut gelaunt fort. Sie spielen und reden und freuen sich und ich wünsche Ihnen innigst, dass Sie vor Anbruch der Dunkelheit Ihr Auto wiederfinden. Dann können Sie diesen Nachmittag als erfolgreich verbuchen. Herzlichen Glückwunsch!

Liegen und liegen lassen

Genau, eines fehlt jetzt noch in der Grundschule der Hundeausbildung: »Platzzz!!!!!!« Oh, wie sich das schon anhört, ein Befehl, der meist die gesamte Umgebung zusammenzucken lässt und für Kasernenhof-Fans Musik in den Ohren bedeutet. Aber für uns nicht, wir sind schließlich bisher auch ohne unmotiviertes Schreien ausgekommen, weshalb wir auch genauso weitermachen.

Liegen ist an für sich eine leichte Übung für den Hund. Natürlich kann er das schon lange, kein Hund schläft im Stehen ein. Aber andererseits wollen wir den kleinen Kerl ja auch nicht ins Bettchen bringen, sondern wünschen uns, dass er sich ganz hellwach und vor allen Dingen freiwillig und in jeder Situation hinlegt und Ruhe gibt. Das ist jetzt nicht ganz so leicht wie schlafen gehen, aber trotzdem, liegen ist für den Hund eine ganz normale Warteposition, zu der er sich gerne überreden lässt, wenn sonst nichts los ist. Das meine ich jetzt genau so, wie es hier steht. Sollte nämlich etwas los sein, wäre es am Anfang richtiggehend gemein, unseren liebsten Freund jetzt in die Knie zu zwingen. Liegen ist zwar eine gemütliche, aber auch eine ziemlich hilflose und in manchen Fällen eine im wahrsten Sinne des Wortes sogar erniedrigende Position.

Hundchen kann, an die Grasnarbe gedrückt, nicht besonders gut kommunizieren und Artgenossen begrüßen kann er schon gar nicht. Zum verordneten Liegen gehören Vertrauen und Sicherheit. Bevor Sie dieses ganz selbstverständlich mit Ihrem Hund teilen, verlangen Sie erst einmal nichts Überhündisches von ihm.

Je entspannter die Situationen anfangs sind, in denen er platt liegen soll, desto lieber und schneller wird er Ihrer Aufforderung nachkommen. Verlangen Sie nicht von ihm, sich hinzulegen, wenn gerade ein übermütiger Artgenosse auf ihn zugestürmt kommt. Im schlimmsten Fall kann die Unmöglichkeit des Begrüßungsrituals zu einer unnötigen Beißerei führen, ganz sicher wird Ihr Begleiter sich aber extrem unwohl fühlen und Sie für diese Demütigung verantwortlich machen. Ein Hund liegt, wenn er schlafen will, wenn er sich sicher fühlt und auf etwas wartet, wenn ihm langweilig ist, wenn er lauert, auf dem Rücken, wenn er sich unterwirft und später – wenn wir es wollen!

Lassen Sie es also langsam angehen, nicht grundlos habe ich mir diese Übung erst gegen Schluss vorgenommen, denn nun erwarte ich von Ihnen, dass Sie sich schon so sehr mit Ihrem ständigen Begleiter angefreundet haben, dass jedem die Regungen des anderen bestens vertraut sind. Fühlen Sie sich stark genug? Also gut, dann lassen wir jetzt den Hund »platzen«.

Erst stellen Sie sich aber wie immer eine äußerst dumme Situation vor. Sie sind auf eine Party eingeladen, haben sich allerschönst herausgeputzt und treffen pünktlich bei Ihrem Gastgeber ein. Pünktlich heißt natürlich »zu früh«, denn zum verabredeten Zeitpunkt auf einem Fest zu erscheinen gilt als unchic. Eigentlich müssten Sie das wissen, aber, na gut, Sie sind bisher der erste und einzige Gast. Da Ihr Gastgeber sich bei seinen noch andauernden Vorbereitungen gestört fühlt, führt er Sie ins Wohnzimmer und heißt Sie, die Wartezeit doch gemütlich liegend auf der Couch zu verbringen. Obwohl Sie seiner eigenartigen Anweisung gerne Folge leisten würden, ist Ihnen doch ein wenig komisch zumute. Müde genug wären Sie jetzt schon, aber sitzen wäre Ihnen lieber, die Situation kann man nicht eben als entspannt bezeichnen. Doch Ihr Gastgeber reicht Ihnen auffordernd ein kuscheliges Kissen und deutet eindeutig Richtung Couch. Gut, der Klügere gibt nach. Fast wären Sie gemütlich eingeschlummert, als die Türglocke schellt und der Herr des Hauses mit einem weiteren Gast eintritt. Ach, du lieber Himmel, dieser entpuppt sich als Ihr Chef. Was Sie sofort zu hektischem Aufspringen verleitet, sogar die Schuhe hatten Sie auf dem Polster. Doch der sagt: »Bleiben Sie ruhig liegen«, und geht mit ausgestreckter Hand auf Sie zu, um das menschliche Begrüßungsritual auszuführen. Der Drang aufzustehen wird übermächtig, trotz Aufforderung werden Sie Ihrem Chef den Gehorsam verweigern und ihm, wenn auch leicht zerknittert, in Augenhöhe die Hand reichen. Sie können nicht anders!

Lägen Sie jedoch Zuhause auf Ihrer heimischen Lieblingscouch und Ihre Frau Gemahlin beträte das Wohnzimmer, würde es Ihnen genügen, zur Begrüßung mühsam ein Auge halb zu öffnen, um dann entspannt weiterzudösen.

Sehen Sie, es gibt Unterschiede im Liegen und wir sollten das auch bei unserem Hundchen berücksichtigen, weshalb wir mit leichten, für den Neuling ganz sicheren Übungen beginnen. Okay?

Oh nein!

Sie gehen also mal wieder wie so oft, aber heute zum letzten Mal zusammen mit mir, in den Park. Ja, ich ließ Sie immer wieder in den Park gehen, weil das so hübsch langweilig ist und nach der ersten Euphorie über das Hundchen dem Tagesablauf der meisten Stadthunde entspricht. 3 x täglich Park, immer im Uhrzeigersinn abgelaufen. Es ist Sonntag und auch ein Sonnentag, wie schön. Sie haben schon so viel gelernt, weshalb Sie an der ersten Straßenecke, an der Ihr Hund bisher immer sitzen sollte, gleich mal versuchen, dem süßen Kleinen endlich das Liegen beizubringen. Auf den Boden mit dem Tier! Sie rufen »Sitz« und Ihr treuer und gehorsamer Begleiter setzt sich hin. Gelernt ist eben gelernt.

Das befriedigt Sie jedoch gar nicht, Sie lassen gleich ein drohendes »und Platz!« folgen, wobei Sie das Tier an den Schulterblättern nach unten drücken – oder es zumindest versuchen. Denn Hundchen, der erst irrtümlich annahm, Sie wollen ihn für das wunderbare Sitzen ausgiebig tätscheln, gefällt diese Behandlung überhaupt nicht, weshalb er sich unter Ihren Händen windet wie ein Aal. Nö, das mach ich nicht, ich leg mich doch nicht an eine eklige Straßenkreuzung. Genau das haben Sie sich aber für ihn vorgenommen und weil Sie vorher schon mal etwas über

Konsequenz gelesen haben, werden Sie es auch durchführen. Deshalb gehen Sie zum Frontalangriff über und ziehen Ihrem immer noch sitzenden Hund die Vorderbeine nach vorne weg. Uiii, das mag er jetzt aber noch weniger, weshalb er hinten, wo er eigentlich saß, gleich mal aufsteht und Ihnen liebevoll die, seine Füße umklammernden, Hände anknabbert. Einerseits, weil er jetzt die Haltung einer perfekten Spielaufforderung einnimmt, andererseits, weil er möchte, dass Sie sofort loslassen, denn Pfoten lassen sich nicht gerne ziehen oder festhalten. Dabei lassen Sie selbstverständlich in regelmäßigen Abständen ein »Platz!« verlauten, damit Hundchen auch weiß, worum es geht. So allerdings scheint es irgendwie nicht zu gehen. Also noch mal von vorne mit dem ganzen Theater.

Sie lassen Ihren nun schon etwas verstört wirkenden kleinen Freund wieder sitzen, weil Sie denken, damit läge er ja hinten praktisch schon und Sie hätten nur noch die halbe Arbeit zu erledigen. Hundchen kommt Ihrer Aufforderung auch nach, zwar etwas zögerlicher als beim ersten Mal, aber immerhin, er sitzt. Nun erinnern Sie sich an eine Methode, die Sie einmal in einem, hoffentlich sehr alten, Hundebuch gesehen haben. Sie schauen sich gründlich um, ob niemand Sie beobachtet, Ihr Nachbar nicht wieder aus dem Fenster guckt oder zufälligerweise die alte Dame von gegenüber nach Hause trippelt. Sobald die Luft rein ist, schreiten Sie zur Tat.

Sie treten ziemlich nahe beim Hundehalsband auf die vorbildlich durchhängende Leine, sagen aber erklärenderweise noch einmal »Platz!«, damit Hundchen, durch den plötzlich unwiderstehlichen Halsbandzug nach unten, sich nicht unnötig erschreckt. Ja, das Kräftemessen geht eindeutig zu Ihren Gunsten aus, das Hundevorderteil nähert sich unweigerlich, wenn auch sichtlich störrisch, dem Boden. Da liegt der Hund jetzt – solange Sie auf der Leine stehen bleiben. Nun entpuppt sich jedoch das Hinterteil als absolute Problemzone, denn es ist leider schon automatisch aufgestanden. Sie haben wieder nur die Hälfte, vorne liegt der Hund, hinten steht er und außerdem zappelt diese Komposition wild hin und her.

Oh je, das ist es auch nicht, was Sie sich unter »Platz!« vorgestellt haben, bestenfalls ist es dazu geeignet, Ihrem bisher guten Schüler das freudige Sitzen wieder abzugewöhnen. Aber wie, verflixt noch mal, soll ich ihm das beibringen, werden Sie sich fragen? Ich bin froh, dass Sie das endlich fragen, denn nun ist die Bahn frei für bessere Vorschläge.

Man nehme:
1 Hund
1 Herrchen
1 Hand voll Leckerchen
1 niedrigen Couchtisch oder Hocker
gute Laune zum Abschmecken

Oh ja!

So, nun kann es losgehen. Den Wetterbericht brauchen Sie heute nicht zu bemühen, wir bleiben nämlich Zuhause. Ich würde Ihnen niemals zumuten, einen Couchtisch durch die Landschaft schleppen zu müssen.

Sie werden nun im gemütlichen, Sicherheit vermittelnden Heim Ihren Hund zum Liegen bringen, ohne ihn dabei auch nur zu berühren. Sie werden ihn nicht zwingen müssen, er wird sich bereitwillig auf den Teppichboden werfen, denn ihm winkt ein Lohn, der zu allem Überfluss auch noch höchst interessant zu ergattern ist. Vorher allerdings müssen Sie mit sich ausdiskutieren, welches Kommando in Zukunft dieses Wunder herbeiführen soll.

»Platz« verwendet man auf dem Hundeplatz. Für Prüfungen etc. ist es korrekt, wird jedoch von aufgeregten Hunden gerne mit »Sitz« verwechselt, besonders wenn Sie – und Sie sind immer der Schuldige – Ihren Tonfall schnoddrig gleichförmig gestalten. Um ein bisschen Abwechslung ins Spiel zu bringen, versuchen Sie es doch einmal mit »Down« oder ganz simpel mit »Leg dich«? Was immer Ihnen zusagt, sobald Sie sich entschieden haben, müssen Sie dabei bleiben, alles andere wäre nicht fair.

Also los, Sie setzen sich, mit dem Rücken an die Wand gelehnt, auf den Boden irgendeines Zimmers. Sobald Hundchen Sie in dieser unwiderstehlichen Position sieht, kommt er schon gerannt, die Gelegenheit nutzend, Sie ausgiebig zu küssen und zu beschlabbern. Wischen Sie sich mit dem Ärmel trocken und beginnen Sie mit der Übung. Sie nehmen ein Leckerchen in die geschlossene Faust, ziehen Ihre Knie so weit hoch, dass der dadurch entstandene Durchgang niedriger ist, als Hundchen groß ist. Nun strecken Sie die Faust mit dem Leckerchen durch diese Höhle unter Ihren Beinen hindurch und legen sie auf den Boden. Neugierig wird dieses »Mäuschen« beschnuppert werden, klar, weiß Ihr Hund doch, dass es ausgezeichnet schmecken würde, wenn er denn nur drankäme. Ungeduldig versucht er alle Tricks, er kratzt an der Faust, er stupst sie mit der Nase, doch das ist vergebens, denn Sie lassen sich nicht erweichen. Nun wandert die Faust zum Entsetzen Ihres kleinen Freundes langsam auf dem Boden zurück in die Höhle, nein, das kann er nicht dulden, da muss er hinterher. Aber oh weh, der Eingang ist viel zu niedrig, da passt er unmöglich durch. Was meinen Sie, macht Ihr schlauer Hund jetzt?

Genau, er macht sich auch niedriger und legt sich hin, um dem Objekt seiner Begierde hinterherzukrabbeln. Juhu!

In diesem Augenblick rufen Sie, wie immer freundlich und bestimmt, »Platz« oder Ihr Wahlkommando, öffnen die Faust und lassen Hundchen die Belohnung für außergewöhnliche Leistung vom Boden naschen. Nicht aus der Hand! Der Racker soll auch den Boden lieben lernen, Ihre Hand vergöttert er ja sowieso schon. Und die ist im normalen Leben weiter oben, was ihn zum sofortigen Aufstehen verleiten würde. Sie träumen vermutlich nicht davon, die nächsten Jahre immer auf dem Boden sitzen müssen, damit Ihr Hund auf dem selbigen liegt.

Jetzt rufen Sie »Auf« und springen gemeinsam mit Hundchen hoch, um die Übung im nächsten Zimmer zu wiederholen. Sobald Sie alle Räumlichkeiten durch haben – die Toilette erlasse ich Ihnen – spielen Sie ausgelassen eine Runde »Fang den Hund« und ruhen sich anschließend aus. Gut gemacht!

Vielleicht ist es nicht nötig, aber ich sage es vorsorglich noch einmal dazu: Das Kommando »Sitz« ist völlig eigenständig und hat nichts mit »Platz« zu tun. Es ist *nicht* die halbe Liegeübung, es verlangsamt das Hinlegen ungemein. Hundchen soll sich aus dem Stand ins »Platz« begeben, sitzen kann er dann ein andermal.

Ach ja, der Couchtisch, fast hätte ich ihn vergessen, obwohl wir ihn noch brauchen. Sobald Sie nämlich der Meinung sind, das mit dem Hinlegen klappt jetzt schon gut und schnell, dann können Sie, vorausgesetzt Ihr Hundchen ist der gleichen Meinung, das Tier jetzt unter den Couchtisch locken, um es dort »platzen« zu lassen. Das hat den Vorteil, dass Sie stehen können, gebückt zwar, denn Ihre Hand sollte sich in Bodennähe befinden, aber der aufrechte Gang ist für Sie wieder in greifbare Nähe gerückt. Der Tisch wird Ihren Freund an das Niederlegen erinnern, Ihr Kommando tut das seinige – und wenn es klappt, dann werfen Sie das Leckerchen zwischen seine

Vorderpfoten. Nutzen Sie anschließend die Beschwörungsformel »Bleib« und werfen gleich noch mal ein Leckerchen hinterher. Noch mal! Schließlich rufen Sie »Auf!« und rennen zusammen in die Küche, um Ihre Mitbewohner zu erschrecken oder sonst etwas anzustellen.

Sobald Sie mit Sicherheit wissen, dass alleine schon die zu Boden weisende Hand und der Ausruf »Platz« Ihren gelehrigen Schüler zum Hinlegen verführt, fangen Sie mit den Übungen im Freien an. Auf jedem Untergrund! Nasse Wiese, Stein, trockene Wiese, Kies, Schlamm, Asphalt, Sand, Schnee, alles, was die Umwelt so zu bieten hat. Später verlängern Sie die Zeit des Liegens, lassen ab und zu ein Leckerchen zwischen die Pfoten fallen, wobei Sie sich ganz ruhig verhalten. Kein Streicheln, kein lautes Loben, auf keinen Fall erwähnen Sie seinen Namen, all das würde ihn zum Aufstehen ermuntern. Zur Belohnung ertönt das »Auf!« und Sie stürmen los, um sich richtig auszutoben.

Hat es geklappt? Ich meine nicht nur das Toben! Ich traue mich gar nicht hinzugucken. Ja? Wunderbar! Ich wusste doch, dass Sie das schaffen, Ihr Hund ist so klug und merken Sie etwas? Sie haben ihn während der ganzen Übungen kein einziges Mal angefasst!

Jaul!
Wo seid ihr alle?

Manche Hunde sehen zwar aus, als wären sie immer und überall Herr der Lage, doch es gibt da eine Schwachstelle, die selbst ältere Exemplare wieder in winselnde, zerstörerische und Pfützen produzierende Welpen zurückverwandeln kann. Alleine schon die Vorstellung, alleine bleiben zu müssen, ist eine Horrorvision für so manchen Hund. Eigentlich kein Wunder. Es ist eher überraschend, dass so viele Vertreter dieses Rudeltieres anstandslos die Einzelhaft ertragen. Hundchen weiß ja nichts von Ihren dringenden Terminen und dass die meisten Arbeitsstellen oder Museen keinen Wert auf Hundebesuch legen, wird er in seinem ganzen Leben nicht begreifen. So dumm es klingt, genau das erwarten Sie aber.

Sobald Sie sich davonschleichen, fordern Sie von Ihrem Hund Verständnis für die Situation. Es geht eben nicht anders, das muss er doch kapieren! Sie glauben das aber nicht wirklich, oder? Nichts kapiert er! Und ärgerlich sind Sie möglicherweise? Zusätzlich plagt Sie auch noch ein schlechtes Gewissen? Na prima, das passt ja gut, um die Lage zu verschärfen. Machen Sie es ihm ruhig so schwer wie möglich, Sie werden später schon sehen, was Sie davon haben. Aber bitte nicht wundern!

Ich zermartere meinen Kopf, aber leider will mir diesmal kein Beispiel aus der Menschenwelt einfallen. Das liegt nicht daran, dass ich heute einen schlechten Tag habe. Nein, es gibt kein richtiges Beispiel, denn das Alleinlassen von Hund und

Mensch ist so verschieden, dass ein Vergleich tatsächlich noch mehr an den Haaren herbeigezogen schiene, als das bisher schon der Fall war. Einem Menschen kann man mit Worten erklären, dass man geht, wohin man geht und wie lange man weg bleibt. Man kann ihn trösten, falls er darüber traurig sein sollte. Das alles geht jedoch in kein Hundehirn. Sein Verstand weiß nur – und das ist bedauerlich – dass wir ihn verlassen. Jaul!

Auch wenn Sie auf ein Beispiel verzichten müssen, die zwei Hundegeschichten werde ich Ihnen auf keinen Fall vorenthalten.

Oh nein!

So, noch einmal machen wir uns in Ihrer gemütlichen Wohnung breit. Sie und Ihr neuer Freund sind zu einem glücklichen Sechsbeiner verschmolzen. Stolz bemerken Sie, dass Ihr Hundchen Ihnen auf Schritt und Tritt folgt, zumindest in der Wohnung. Sie müssen nur aufpassen, dass Sie nicht über ihn drüber fallen, wenn Sie aus der Toilette kommen. Allerdings ist es schon ein gutes Zeichen, dass Sie wenigstens diese Örtlichkeit alleine aufsuchen durften. Der Urlaub, den Sie extra wegen Ihres Familienzuwachses genommen haben, geht zur Neige. Um ehrlich zu sein, Sie stellen mit Schrecken fest, dass Sie schon morgen wieder in der Firma strammstehen müssen.

Unbestreitbar, die Bewährungsprobe steht vor der Tür. Wird Ihr nun schon treuer Begleiter sie bestehen? Drei Wochen haben Sie sich um nichts anderes gekümmert, Hundchen war der Mittelpunkt Ihrer Welt und nun, zum Dank sozusagen, muss er Sie schon die paar Stunden sein Futter verdienen lassen. Einer muss das ja tun.

Am nächsten Morgen gehen Sie etwas verkrampft, jedoch wild entschlossen zu Werke. Eiligst Gassi gegangen, das Frühstück heruntergeschlungen, Schlüssel und Tasche parat. Sie ziehen sich die Jacke an und schon steht er da – mit herzerweichendem Blick will Hundchen sich Ihnen ganz selbstverständlich anschließen. Das ist schrecklich für Sie. Oh, der arme Kerl. Sie nehmen ihn in den Arm und erklären ihm einfühlsam sämtliche Beweggründe, die zu diesem Abschied führten, vergessen nicht zu erwähnen, dass Sie in vier Stunden zurückkehren und ihn für immer lieben. Kurz bevor Sie anfangen zu weinen, kraulen Sie seine Ohren, wobei ein Blick auf die Armbanduhr fällt. Sie müssen los!

Entschlossen schnappen Sie sich Tasche und Schlüssel, machen sich dünn wie eine Briefmarke und entschlüpfen durch den Türspalt nach draußen. Geschafft! Auf der Straße dringt es nur gedämpft an Ihr Ohr, das Jaulen und Winseln Ihres Freundes. Hat er denn gar nichts verstanden? Sie kehren um, also, da muss der Chef jetzt Verständnis für haben. An der Haustür angekommen, rufen Sie aus irgendeinem Grund »Ruhig! Sei ruhig!«, öffnen, erklären Ihrem begeistert wedelndem Hundchen im Schnelldurchgang noch mal die Sachlage und verschwinden wieder auf gehabte Weise. Nichts wie weg! Auf der Straße klingt das Gejammer Ihres Gefährten nun schon bestimmter. Schließlich hat es Sie schon einmal auf wunderbare Weise zurückgebracht. Und auch diesmal klappt es. Sie rennen fluchend zur Tür, ein lebendiger Beweis dafür, wie schnell ein Mensch seine Liebesschwüre vergisst. Sie reißen die Tür auf, schimpfen lautstark mit der verwirrten Kreatur, drehen auf dem Absatz um und verschwinden wieder. Diesmal aber wirklich. Nichts kann Sie aufhalten, Sie haben einen Job zu verlieren! Der Gedanke, dass Sie auch eine Wohnung zu verlieren haben, ist Ihnen noch gar nicht gekommen.

Hundchen jault, bellt und winselt derweil vor sich hin, wobei er ein wenig an der Tür kratzt, aber ganz zart, ihm fehlt noch die Perfektion. Ihr Nachbar sitzt eine Stunde vor der Haustür, um den Häftling zu beruhigen, er sagt ihm alle Gedichte auf, die er aus seiner Schulzeit noch kannte. Irgendwann muss aber auch er sein Brot verdienen gehen und Hundchen seinem Kummer überlassen. Winsel!

Ab und zu jedoch, in unregelmäßigen Intervallen, ist es ruhig. Gespenstisch ruhig. Wem das jetzt zu Hoffnung Anlass gibt, der sei gleich ernüchtert und enttäuscht. Die stillen Momente sind nur die, in denen Hundchen kaut. Am Teppich, an Schuhen, einfach an allem, was bekaubar ist. Mit vollem Mund lässt es sich nun einmal schwer jaulen. Gmmmpf ...

Auch die längsten vier Stunden gehen einmal zu Ende, erschöpft kehren Sie vom unkonzentrierten Schaffen zurück, irgendwie ist heute alles schief gelaufen. Egal, Sie können es kaum erwarten, Ihren besten Freund wieder in die Arme zu schließen. In der näheren Umgebung scheint alles ruhig zu sein, keine Polizei vor dem Haus, keine Demonstrationen irgendwelcher Tierschützer – Sie atmen auf.

Und kaum dreht sich der Schlüssel im Schloss, öffnet sich die Tür ein wenig, beginnt der Freudentaumel sie beide zu überwältigen. So ein glückliches Wiedersehen nach langen Stunden in der Diaspora muss gebührend gefeiert werden. Die Pfütze gleich hinter der Tür übersehen Sie geflissentlich, damit haben Sie ja gerechnet, das ist nicht so schlimm. Sie tätscheln und streicheln, verteilen Leckerlis, knuddeln, umarmen, erneuern Ihre Liebe und schwören sich gegenseitig ewige Treue. Wie schön!

Die Bescherung allerdings ist ganz traditionell im Wohnzimmer aufgebaut. Welches Sie gerade betreten. Oh weh! Die Topfpflanze ist nicht gerade fachmännisch gekürzt, das Umtopfen gescheitert. Ihr rechter Elchlederschuh kann jetzt auf den linken verzichten. Der Teppich hat seine Fransen eingebüßt. Ihr Sweatshirt könnte der vielen Armlöcher wegen einem Oktopus passen. Sie erstarren.

So ein böser Hund, also das ist zu viel, das treibe ich ihm sofort aus! Wütend hauen Sie Ihrem gerade noch freudentanzenden Hundchen alle beschädigten Gegenstände um die Ohren. Sie schimpfen laut und vergessen dabei nicht, die jeweiligen Preise für Ihr Hab und Gut zu nennen, um zu verdeutlichen, dass Sie solches Verhalten auf keinen Fall dulden. Hundchen zieht sich alsbald mit eingezogenem Schwanz zurück, na also, jetzt hat er das endlich verstanden!

Während Sie aufräumen und sauer sind, unternimmt Hundchen einen Annäherungsversuch, den Sie entschieden zurückweisen. Mindestens zwei Stunden soll er büßen für seine Verfehlungen. Hätte er doch wenigstens die billigen Hausschlappen genommen …

Wird jetzt alles besser? Nein, alles wird schlimmer! Am nächsten Morgen das gleiche Spiel, nur dass der Abschied mehrere liebevolle Ermahnungen enthält. Sobald Sie aus dem Haus sind, macht Ihr Hund sich ans Beruhigungskauen. Es geht ihm nämlich heute noch viel schlechter als gestern. Zusätzlich zum Stress des Alleinseins kommt jetzt noch die unterschwellige Angst vor Ihrer Rückkehr, bei der Sie gestern so unbegreiflich wütend waren. Was um Himmels Willen soll er tun? Vier Stunden Jaulen und Kauen sind vorprogrammiert, Sie erwarten doch nicht im Ernst, dass Hundchen sich den Fernseher einschaltet oder in diesem Zustand gar schlafen könnte?

Ihre Rückkehr gestaltet sich heute schon ein wenig verhaltener, Hundchen freut sich vorne und hinten hat er den Schwanz eingeklemmt. Aha, er hat ein schlechtes Gewissen! Sofort stürmen Sie ins Wohnzimmer um den Schaden zu begutachten. So ein Mist, brüllen Sie, das hat er jetzt nur gemacht, um sich zu rächen, dabei weiß er ganz genau, dass er das nicht tun soll. Weiß er nicht! Doch! Weiß er nicht! Weiß er doch!

Also, bevor ich mich weiter mit Ihnen streite, probieren Sie es doch einfach aus. Sie werden sehen, dass das Verhältnis zwischen Ihnen beiden mit der Zeit ein zerrüttetes sein wird.

Wollen Sie das?

Warum versuchen Sie es nicht auf ganz andere Art? Ich biete Ihnen hier ein letztes Rezept an, als Nachtisch sozusagen:

Man nehme
1 geliebtes Hundchen
1 Herrchen
3 Spielzeuge
1 Radio
verschiedene Jacken
Geduld ohne Ende

Oh ja!

Nun wird alles besser. Sie bringen Ihrem Hund einfach bei, alleine zu bleiben. Und das dauert. Deshalb war es eine wunderbare Idee, sich Urlaub zu nehmen und die ersten Wochen viel Zeit mit Ihrem neuen Freund zu verbringen. In dieser Zeit, und zwar vom ersten Tag an, wird er lernen, alleine zu bleiben und sich dabei wohl zu fühlen.

Am besten fangen Sie gleich damit an, denn die Gewöhnung an Ihre Abwesenheit geht extrem schleichend vonstatten. Sie überlisten Hundchen sozusagen und nutzen sein mangelhaftes Zeitgefühl schamlos aus.

Nach einem Spaziergang, wenn sich Hundchen müde und zufrieden in sein Körbchen verkriecht, Sie, gemütlich im Sessel sitzend, endlich dazu kommen die Zeitung zu lesen, starten Sie mit den ersten Übungen. Leider müssen Sie dafür Ihre Lektüre unterbrechen. Sie stehen nämlich auf, sagen emotionslos »bis bald«, verlassen das Zimmer, schließen die Tür hinter sich und – kommen sofort wieder zurück. Beachten Sie Ihren Hund nicht! In dieser kurzen Zeit wird er kaum die Gelegenheit haben, Jaulkonzerte zu beginnen. Nun dürfen Sie den nächsten Artikel lesen, aber nicht die ganze Zeitung. Denn Sie wiederholen diese Aktion so lange, bis Hundchen keinerlei Notiz mehr von Ihrem Verschwinden nimmt. Schließlich sind Sie ja sofort wieder da. Wunderbar, das klappt ja schon.

Am nächsten Tag beginnen Sie wieder Ihre Reise zur Zimmertür. Sobald Hundchen das völlig langweilig findet, ändern Sie Ihr Reiseziel. Nun ist es die Haustür, aus der Sie verschwinden und auf der Stelle wieder erscheinen. Kommen Sie aber bitte nicht auf den Gedanken, Ihren Hund zu begrüßen oder zu loben. Tun Sie so, als wäre er nicht da. Ohne zu jammern auf Sie zu warten ist keine Leistung, die er erbringt, es ist einfach eine Selbstverständlichkeit. Überhaupt nicht erwähnenswert. Sterbenslangweilig sozusagen.

Der folgende Tag verläuft in etwa genauso, nur dass Sie sich zusätzlich immer wieder Ihre Ausgehjacke anziehen. Stecken Sie die Schlüssel ein. Setzen Sie sich zum Lesen. Gehen Sie aus der Tür, ziehen Sie die Jacke wieder aus. Gehen Sie aus der Haustür. Ziehen Sie die Jacke wieder an und setzen sich in den Sessel. Tun Sie Ihr möglichstes, um Hundchen keinerlei Anhaltspunkte zu bieten. Nur eines sollte ihm klar werden. Wenn Sie in Ihre Lieblingsjacke schlüpfen, heißt das nicht automatisch, dass Sie weggehen. Und wenn Sie weggehen, dann sind Sie ja sofort wieder da. Das begreift er schnell.

Und genau zu diesem Zeitpunkt bleiben Sie länger weg. Solche Gemeinheiten kann sich nur ein Mensch ausdenken, eigentlich ist das eine Schande. Aber Sie machen das trotzdem. Angekleidet mit Ihrer Jacke verlassen Sie die Wohnung, zählen draußen bis zehn und kommen wieder zurück. Keine Begrüßung! Tun Sie irgendwas Alltägliches und verschwinden Sie wieder. Diesmal zählen Sie bis zwanzig. Ich drücke Ihnen die Daumen, dass Ihr Hundchen einfach nur wartet und ruhig ist. Sollte er jedoch die ersten Fiepser von sich geben, warten Sie auf jeden Fall ab, bis er mindestens zwei Sekunden lang schweigt. Erst in diesem Moment gehen Sie wieder hinein. Keine Begrüßung!

Sie weiten nun Ihren Bewegungsradius außerhalb der Wohnung aus, Sie tragen endlich den Müll zur Tonne, Sie schauen nach den Rechnungen im Briefkasten.

Mit viel Gespür werden Sie herausfinden, wie lange Ihr Hund das Alleinsein erträgt. Überfordern Sie ihn nicht. Jede misslungene Übung bedeutet zwei Schritte zurück, statt einen vorwärts. Sobald Sie sicher sind, dass Ihr Hundchen es als normal empfindet, dass Sie ohne ihn durch die Tür entschwinden und dabei auch noch die Jacke anhaben, können Sie sich ruhig ein paar Brötchen kaufen gehen. Klappt es? Wunderbar!

Nun verlängern Sie langsam weiter die Zeit Ihrer Abwesenheit. Als Kontrolle können Sie ein Tonband oder Diktiergerät in der Wohnung einschalten, damit lässt sich später leicht überprüfen, ob Ihr Hund auch tatsächlich ruhig war. Wir hoffen das jetzt einfach mal.

Sobald Sie die Dreißig-Minuten-Marke erreicht haben, sollten Sie jedoch in der Wohnung noch andere Vorkehrungen treffen, bei unruhigen Hunden noch früher. Denn Sie können nicht davon ausgehen, dass Hundchen die Zeit Ihrer Abwesenheit komplett verschläft. Also müssen Sie dafür sorgen, dass seine wachen Momente Ihnen später nicht allzu viel Kummer bereiten. Deswegen spielen wir jetzt einfach mal den Ernstfall durch:

Ihr Urlaub ist vorüber, die Generalprobe für Ihren ersten Arbeitstag beginnt. Als erstes stehen Sie mindestens eine halbe Stunde früher auf, denn Sie haben ja jetzt einen Hund. Oh!

Ja, diese halbe Stunde gehört Ihrem Hund. Sie gehen ausgiebig Gassi, rennen und spielen um die Wette, was bestimmt auch Ihnen gut bekommen wird. Zurückgekehrt, frühstücken Sie gemütlich, schalten das Radio ein und verbreiten überhaupt keine Hektik. Sie haben das Zimmer, in welchem Hundchen seine Wartezeit verbringen soll, schon am Vorabend von allen Gegenständen, die Ihnen lieb und teuer sind, befreit. Alle anderen Zimmertüren sind geschlossen. Im »Hundezimmer« liegen die drei Spielzeuge Ihres Freundes schon bereit, außerdem selbstverständlich ein Napf mit Wasser. Während Hundchen sich entspannt von seinem Spaziergang ausruht, sagen Sie wie immer »bis bald« und gehen einfach. Lassen Sie das Radio an, denn es hilft enorm, die plötzliche Stille in der Wohnung zu überspielen, darauf hätten Sie ruhig auch schon früher kommen können. Jetzt gehen Sie schon!

Ja, und nach getaner Arbeit kommen Sie zurück. Das ist spannend. Sammeln Sie sich! Sie kehren zurück, als wenn Sie nur ein paar Minuten weg gewesen wären. Keine Begrüßung! Sie setzen sich an den Küchentisch und lesen so lange hartnäckig die Zeitung, bis auch Hundchen sich beruhigt hat. Erst jetzt rufen Sie ihn und spielen und knuddeln und freuen sich. So ein guter Hund. Egal, was er angestellt hat. Falls Sie ein Malheur finden, beseitigen Sie es stillschweigend, denn die Schuld daran müssen Sie sich selbst geben.

Die Wochen der Übungen zahlen sich nun aus. Erwarten Sie aber anfangs keine Perfektion, da kann schon noch dieses und jenes Opfer verlangt werden. Es lohnt sich aber, gelassen zu bleiben, denn in Angst und Schrecken versetzt, kann Ihr Hund die Zeit des Alleinseins in Zukunft nie bewältigen. Üben Sie einfach geduldig immer weiter, in absehbarer Zeit wird Ihr Hund überall die Stellung halten, solange Sie anderweitig beschäftigt sind.

Brot und Spiele

Schon die alten Römer wussten, wie es geht. Man ernähre seine Untergebenen ausreichend, beglücke sie mit Unterhaltung und schon kehrt Ruhe und Frieden ein.

Auf dieses altbewährte Rezept greifen wir jetzt zurück. Sie ernähren Ihren Hund ausreichend, aber nicht »über« und bieten ihm ausreichend Spiele und Unterhaltung an. Diese Zusammenstellung ermöglicht ihm ein langes, gesundes und ausgeglichenes Leben. Natürlich gehen Sie nicht ins Theater mit ihm, nein, Sie gehen auf den Hundeplatz.

Heutzutage bieten Hundesportvereine mehr als den traditionellen »Schutzdienst« an, bei dem Ihnen gleich der Gedanke an Schlagen und Beißen kommt. In vielen Vereinen ist der Schutzdienst sogar am Aussterben, denn immer mehr Hundehalter wollen gar nicht mehr beschützt werden, sondern nur eine schöne Zeit mit ihrem Hund und anderen Menschen verbringen. Und genau dafür eignen sich all die anderen Hundesportarten wunderbar. Sie bieten die Möglichkeit, Gehorsam und Spiel auf geniale Weise zu vereinen.

Welpenstunde

Am Anfang steht die Welpenstunde, die man nicht unbedingt als Hundesport bezeichnen kann, aber da diese Früherziehung von Hundevereinen angeboten wird, soll sie hier auf keinen Fall vergessen werden. Sie sollten dieses Angebot annehmen. Natürlich nehmen Sie Ihren Welpen mit. Sobald dieser neun Wochen alt ist, packen Sie ihn ins Auto und kreuzen auf dem nächsten Hundeplatz auf. Auch wenn sich dort etwas ältere Welpen tummeln, sollten Sie sich nicht abschrecken lassen, kleine Hunde sind nicht ganz so zerbrechlich, wie sie scheinen.

Auf was Sie aber ganz dringend achten sollten, sind der Umgangston und die Zusammensetzung der Trainingsstunde. Selbstverständlich sollte die Stimmung freundlich und entspannt sein. Und Welpenstunde ist keine Trainingsstunde in Unterordnung für winzige Hunde! Leichte Gehorsamsübungen sollten sich abwechseln mit freiem Spiel der Welpen und der Gewöhnung an Umwelteinflüsse. Unterschiedliche Geräusche, Gegenstände, verschiedene Bodenarten. Welpenstunde heißt *Sozialisierung* und nicht früher Drill. Und Sie beide müssen sich dabei unbedingt wohl fühlen. Schauen Sie sich um, gehen Sie nur in eine Welpenstunde, wenn sie Ihnen zusagt, ansonsten lassen Sie es lieber bleiben. Sorgen Sie jedoch dafür, dass Ihr Welpe viel Kontakt zu anderen Hunden und Menschen hat, denn ein gut sozialisierter Hund ist Gold wert.

Nun möchte ich Ihnen zum Abschluss kurz die verschiedenen Hundesportarten vorstellen, erklären, was dort so gespielt wird und für wen sie geeignet sind. Mit Sicherheit findet sich dabei auch für Sie ein Betätigungsfeld. Bewegung hält nicht nur Ihren Hund gesund, auch Menschen soll sie bekanntlich nicht schaden …

Agility

Diese Sportart kam, wie so vieles, was mit Hunden zu tun hat, aus England zu uns. Agility bedeutet soviel wie »Gewandtheit«, »Behändigkeit«. Und damit ist schon viel gesagt. Diese Sportart ist eine Mischung aus Geschwindigkeit, Gehorsam und Geschicklichkeit. Der Hund soll einen Parcours von 12 bis 20 verschiedenen Hindernissen bewältigen, die auf einer Strecke von 100 bis 200 Metern, immer in verschiedener Anordnung, aufgebaut sind. Der Hund läuft diese Strecke ohne Halsband und Leine, und Sie dürfen ihn auf dem Parcours nicht anfassen. Nur mit Worten und Körpersprache leiten Sie ihn über die Hindernisse, wobei es natürlich verschiedene Regeln zu beachten gibt. Wenn Sie es schaffen würden, Ihren Hund vorauszuschicken und mit Kommandos zum Richtungswechsel zu veranlassen, dann müssten Sie nicht die ganze Strecke mitlaufen. Hoffen Sie da aber erst einmal nicht drauf. Fast alle Hunde sind mit Feuereifer bei der Sache, denn diese Sportart ist so abwechslungsreich, dass nie Langeweile aufkommt. Es ist einfach ein Riesenspaß!

Geeignet ist dieser Sport für alle Hunde, groß oder klein, Rasse oder Mischling. Er darf aber auf keinen Fall übergewichtig sein oder an Gelenkerkrankungen leiden.

Auch bei großen, von Natur aus sehr schweren Tieren (Bernhardiner, Berner Sennenhund, etc.) sollten Sie sich lieber einen anderen Sport auswählen oder zumindest vorher den Tierarzt um seine Meinung bitten.

Obedience

Diese Sportart ist noch nicht so weit verbreitet, findet jedoch immer mehr Zulauf. Obedience heißt »Gehorsam«. Damit ist kein Herumkommandieren des Hundes gemeint. Ein guter Obedience-Hund *will* arbeiten. Er *will* gehorchen. Bei diesem Sport kommt es auf sehr gute Teamarbeit an, ein freudiges Zusammenwirken von Hund und Mensch ist dabei unentbehrlich. Ziel ist unter anderem die Perfektion von Sitz-, Platz- und Stehübungen auf Distanz, das Voraussenden zu einer bestimmten Stelle, das Apportieren eines Metallstückes, die Geruchsidentifizierung eines Holzstückes zwischen anderen Hölzern.

Ein sehr abwechslungsreiches Programm für Ihren Hund. Und für Sie. Mit viel Geduld und Liebe können Sie all das erreichen.

Geeignet ist Obedience für alle Hunde, es erfordert viel Kopfarbeit und schont den Körper, weshalb auch ältere Hunde und Herrchen damit keine Probleme bekommen.

Turnierhundesport

Turnierhundesport ist der Überbegriff für ein reichhaltiges Betätigungsfeld auf sechs Beinen. Es gibt sieben Disziplinen, die einige Anforderungen an Ihre Sportlichkeit stellen. Gemessen wird nämlich immer die Zeit des langsameren Teampartners, was nicht selten der Mensch ist. Um hier jedem Chancen einzuräumen, wird bei Turnieren die Wertung nach Altersklassen und nach Männern und Frauen getrennt. Nur bei den Menschen. Bei den Hunden wird jedoch je nach Größe die Sprunghöhe variiert. Einige Disziplinen seien hier vorgestellt:

Beim *Hindernislauf* müssen Sie 75 m auf gerader Strecke zurücklegen, wobei Ihr Hund 8 Hindernisse überwindet. Sie rennen einfach nebenher – und das so schnell wie möglich.

Der *Geländelauf* kann über zwei verschiedene Distanzen bewältigt werden, 2000 m und 5000 m. Dabei müssen Sie Ihren Hund an der Leine führen und zusammen flott das Ziel erreichen. Wer gerne joggt, wird hier gut aufgehoben sein.

Der *Vierkampf*, bestehend aus Gehorsamsübungen, Hürdenlauf, Slalomlauf und Hindernislauf, stellt schon eine Herausforderung an die Kondition von Mensch und Hund dar. Aber dafür trainieren Sie ja jede Woche.

Geeignet ist der Turnierhundesport für alle. Egal, ob jung oder alt, für jeden Hund und jeden Menschen findet sich ein Betätigungsfeld. Versuchen Sie es doch einfach einmal!

Fährtenarbeit

Für Ihren Hund die natürlichste Sache der Welt. Spuren suchen! Doch auch das Nasengedächtnis eines Hundes ist noch lernfähig und kann bei entsprechendem Training zu unglaublichen Leistungen fähig sein. Der Hund soll sich hauptsächlich am Boden orientieren und später in der Lage sein, ruhig und konzentriert einer gelegten Fährte zu folgen.

Fährtenarbeit ist für Menschen und Hunde geeignet, die es lieber etwas ruhiger angehen lassen und trotzdem nicht auf eine sportliche Herausforderung verzichten wollen.

Jede dieser Sportarten hat nicht nur den Vorteil, dass Sie sich zusammen mit Ihrem Hund bewegen und jede Woche wenigstens einen Abend an der frischen Luft verbringen. Sie werden begeistert sein, wie die intensive Beschäftigung mit Ihrem Hund Ihnen eine ganz neue Verständigung und ein einzigartiges Zusammengehörigkeitsgefühl ermöglicht. Auch wenn Sie Zuhause schon ein gutes Team sind, beim Sport lernen Sie sich erst wirklich kennen.

Schauen Sie sich also nach einem geeigneten Verein in Ihrer Nähe um. Natürlich nur, wenn Sie wollen. Nehmen Sie probeweise an einer Trainingsstunde teil. Sagen Ihnen die Menschen dort zu? Ist der Umgangston freundlich? Werden die Hunde mit Geduld und Liebe behandelt? Dann versuchen Sie es doch einfach mal, Sie werden begeistert sein!

Zu guter Letzt wünsche ich Ihnen und Ihrem Hund viel Freude und Spaß für Ihr weiteres »Hundeleben«. Es ist wirklich an der Zeit, dass dieses Wort endlich eine neue Bedeutung erhält, denn das Leben mit einem Hund ist alles andere als erbärmlich. Es ist die schönste Symbiose, die der Mensch mit einem Tier eingehen kann.

Ich hoffe, dass ich Ihnen bei der Erziehung Ihres neuen Begleiters hilfreich zur Seite stehen konnte.

Danken müssen Sie dafür jedoch meiner Collie-Mix-Hündin Luna, ohne die dieses Buch sicherlich nie geschrieben worden wäre. Sie buddelt gerade im Sandkasten und – oh, ich muss jetzt wirklich schnell gucken, was sie da eigentlich treibt …

Ende

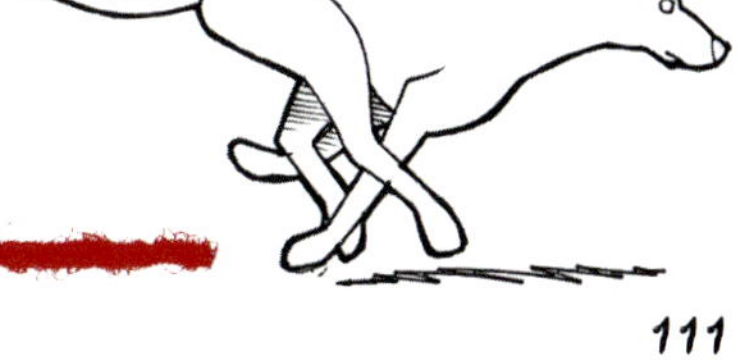

Ideen? - Sofort aufschreiben!